# 幸福感に満ちた学校をつくる

十文字学園女子大学教授
塚田昭一

東洋館出版社

# はじめに

私が校長を務めたのはわずか2年。一般的には短い任期だと言えるでしょう。ただ、その間でも、進取の精神で思う存分学校経営改革に取り組むことができたように思います。その過程で、（使い古された言い回しですが）「『校長が替われば、学校は変わる』というのは本当なんだな」だと実感するに至りました。

しかし、校長になる以前は、そうではありません。〝もっともらしく使われている言葉だけど、結局は自己満足にすぎないのではないか〟と考えていたのです。

それが、あるときふと気になって、「どのような文脈で使われる言葉なのか」を知りたくなり、文献に当たってみることにしました。

そのときに見つけたのが、次の文章です。

校長がかわれば学校は変わる。この仮説を実証するために、我々は、徹底したデータ収集と分析を重ねてきた。確かに、校長がかわれば学校は変わる（確率は高い）。至る所で口にされることの因果関係は、別の視点から見ると、恐ろしい現実を描き出していることに最近気づいた。それは、『校長がかわらないと学校は変わらない、あるいはさらに悪くなる』という現実である。先輩校長のやり方をそのまま実践してもうまくいかない。学校の組織環境は大幅に変化している。成果（パフォーマンス）と説明責任（アカウンタビリティ）が強烈に求められる。〔中略〕保護者と児童生徒の質が変容し、職員は若年層と高齢層に二極化している（地方では高齢化）。校長がボヤっとしていると学校は瞬く間に「炎上」する。校長にとって多難な時代である。

（露口健司著『校長職の新しい実務課題』教育開発研究所、2011年）

この書籍では、「校長がかわれば…」と「かわれば」がひらがな表記になっています。これを漢字に書き換えるとすれば、「代わる」「替わる」「変わる」の3通りが考えられます。いずれの漢字を充てるかで、その意味合いや印象はずいぶん変わるように感じます。

そこで、実際に書き出してみました。

**【校長が代わる】** ある役割を他の者がする。代役を務める。

→単に校長が入れ代わるだけで、前年度踏襲の意味合いを強くイメージさせる。

**【校長が替わる】** 古いものが退き、新しいものがやってくる。入れ替わったり取り替えられたりする形で、他のものがくる。

↓アグレッシブ・イノベーションを感じさせる。

**【校長が変わる】**物事や状態がこれまでと違ったものになる。変化する。

↓180度の変化を学校改革に求めるあまり、振り返るとだれもついてきていないイメージがある。

このなかで、自分のイメージと一番しっくりきたのが「替わる」でした。学校経営に必要だと考える「継承」と「創造」の根本理念を感じられたからです。

変化を感じられない「代わる」ではなく、これまでを否定して180度の変化を求める「変わる」でもない。「替わる」という表記からは「畳の張り替え」が連想されました。「使えるところは残し、使えなくなった箇所については修繕して新品同様にする」というイメージが、学校経営とのシナジーを感じさせてくれたのです。

子どもや教員にとって本当に価値あるものは「継承」する、そうでないものは年度途中であってもスッパリやめ、勇気を奮い起こして新たなものを「創造」する。この「継承」と「創造」が、共に学校生活を送る子どもや教員にとってのウェルビーイング（well-being）につながると私は考えます。

さて、本書は埼玉県新座市立野寺小学校（以下、全章において「野寺小」と略）で行った2年にわたる学校経営改革の全容（考え方や方法）をエピソードベースで紹介する書籍です。

第1章では、本書全体を貫く私の「教育観」「学校観」「子ども観」を述べていきます。第1章をお読みいただければ、第2章以降に述べる学校経営改革へのチャレンジが、どのような意図のもとに行われていたのかを理解いただけるかと思います。いずれのチャレンジも「校長奮闘記」とも言うべきもので、体系的に章立てしているわけではないので、関心のある項目を拾い読みしてもらうのでも差し支えありません。

終章では、私が学級担任時代、主任時代、教頭時代、指導主事時代をそれぞれ振り返りながら、校長としての力量をどのように形成してきたのかの概略を紹介します。

巻末では付録をつけています。内容は、校長になる2年前に作成しておいた「学校経営構想案」と、実際に着任した際に職員会議で提案した「校長の所信表明資料」、さらに「短期内地留学研修報告書」と「校長文庫」です。

令和4年8月には「公立の小学校等の校長及び教員としての資質の向上に関する指標の策定に関する指針」（教育公務員特例法第22条の2関係）が全面改正されましたが、研修を通じて自己を高める研究と修養の重要性を改めて感じさせられます。

最後に、野寺小の前校長である戸高正弘先生（私の後任）より、その後の野寺小学校における取組をご寄稿いただきました（「発刊に寄せて」）。「地域と共にある学校づくり」を継続して行っていたことが評価され、令和2年度には「地域学校協働活動」推進に係る文部科学大臣表彰を授与されています。

＊

学校経営の理念・方針は、校長の考えや思いに基づくものですから、着任した学校の教育活動全体に多大な影響を及ぼします。そのため、校長の理念・方針次第で、教員のベクトルを合わせられるか、合理的でスムーズな教育活動を展開できるかが決まるといっても過言ではないでしょう。

本書が、これから管理職を目指す方、現在管理職を務められている方のお役に立てることがあれば幸甚に存じます。

令和5年3月吉日　十文字学園女子大学教授　塚田 昭一

【目次】

# 第1章　教育観・学校観・子ども観

## 「いい学校」とはどんな学校か

私たちが口にする「いい学校」とは、はたしてどのような学校でしょうか。

ある人は「学力が高い学校だ」と言います。ある人は「いじめのない学校だ」と言います。ほかにも「先生方が優秀な学校だ」と言う人もいるでしょう。また、その評価者がだれか（子どもなのか、教員なのか、保護者なのか、それとも地域なのか）によっても、「十人十色なのではないか」と考える人もいるでしょう。

それに対して、私はこう考えます。どのような立場だろうと、理由がなんであろうと、**自分自身の皮膚感覚として「いい学校だなぁ」と思えれば、その学校は「いい学校」なのだということです。**

このように言うと、牧歌的に感じられるかもしれません。しかし、学校教育における数少ない真実の一つだと思います。

たとえば、「学力は高いけど、いじめが絶えないんだよな」、逆に「いじめはないけど、学力が低くて…」、あるいは「先生方は優秀なはずなのだけど、なんだか子どもたちが疲れているように見える」などと感じていたとしたら、「いい学校だ」などと思えるでしょうか。

それならばと、「学力が高いうえに、なに一つ問題が起きない学校が『いい学校』だ」と主張する方もいるかもしれません。しかし、そんな学校など、日本全国を見渡しても一つとしてありません。

なぜなら、そもそも学校は、よいことも悪いことも、楽しいこともつらいことも、悲しいことも喜びに満ちあふれることも、日常的に起きる場所だからです。だからもし、右に挙げた学校が「いい学校」だとするならば、日本には「いい学校」など存在しないことになってしまいます。

実を言うと、なにをもって「いい学校」とするか、その理由や条件など本当はなんだってよいのです。（繰り返しになりますが）子どもも教員も保護者も地域も、多くの人たちが「（いろいろあるけど）やっぱり、いい学校だよなぁ」と思うことができれば、その学校は「いい学校」だからです。

では、どのようにしたら、そんなふうに思える（あるいは、思ってもらえる）学校にすることができるのでしょうか。これが、実に難題なのです。

（子どもも教員も保護者も地域もみなが）「いい学校だなぁ」と思ってもらえるために欠かせないと私が考えていることがあります。それは、「子どもや教員自身が自分の学校を誇りに思い、学校のブランド力、特色、自慢などを自分の言葉で語れるようになること」です。

そのためには、子どもや教員にとって学校がウェルビーイングを享受し合える場所となっている必要があります。少なくとも、前例踏襲よろしく年間の教育課程をこなしているだけでは、学校が幸福感に満ちた場所にはなり得ないでしょう。

ここに、校長が明確な経営ビジョンを思い描き、実行に移すことの重要性があります。学校経営の根幹となるからです。

そんなふうに考える私は、日々の学校生活を通して、子ども自身が「授業がよくわかる、友達と学ぶのが楽しい、だから明日もまた学校に行って勉強したい」と心から思える「学校づくり」を目指していました。

ありきたりのように聞こえるかもしれません。しかし、そんな学校にするのは並大抵のことではありません。学校に所属するすべての教員の授業力向上が不可欠だからです。

## 「授業で学校を変え、子どもを幸せにする」

この言葉は、校長選考の口頭試問の際に答えた私の信念です。

面接官からは「では、具体的にどのようなことに取り組みますか?」と尋ねられ、次のように即答しました。

「(新座市の)学校管理規則第22条の規定(出張)を活用し、着任した年から教員の授業力を高めます」(第3章「授業力向上策」で詳述)

校長1年目は様子見という考え方もあるそうですが、1校に携われる校長の任期は、わずか数年です。そんなことをしている余裕はありません。校長として着任する以上、(たとえ新人校長だったとしても)4月から自らの経営ビジョンを掲げ、教員の意欲を喚起し、理解を得ながら具体策を講じていかなければ、任期中に「いい学校」にもっていくことはきわめて困難だと考えているからです。

そのために必要となるのが、「どんな経営ビジョンを掲げるか」「自分のしたいことを実現するためにどんな策を講じるか」を、校長として着任する前に明確にしておくことです。校長になってから考えようでは、後手に回ります。

校長としての力量は、校長になってから培っていくものではないと私は思います。どの職階であれ、一人の教員として数多くの管理職と接し、(反面教師としても含めて)数多くのことを学んできたはずです。加えて、教諭時代、ミドルリーダー時代、副校長または教頭時代、指導主事時代に培ってきたノウハウがあるはずです（「終章」で詳述）。これまでのキャリアを存分に生かして、着任1年目から実践ベースで学校づくりに着手するのが、校長に求められる最初のミッションだと私は思います。

## 教員一人一人のモチベーションを高める学校組織

昔から「学校の組織運営はむずかしい」と言われます。そのむずかしさの要因にはいくつか考えられますが、その一つに「鍋ぶた組織」が挙げられます。

ひと昔とは異なり、管理職と教諭との間に、主幹教諭や指導教諭といった新たな職階が生まれて久しいわけですが、本質的には横並び意識が強くなるのが学校組織で、一つ一つの校務の責任の所在があいまいになりやすいという特性があります。そのため、前例踏襲で乗り切ろうとする風土が形成されやすい職場だといえます。

ときには、責任感の強い一部の教員に校務が集中してしまうこともあります。その教員が優秀であれば、頼れる番頭さんよろしく切り盛りしてくれるでしょうが、異動してしまった途端に組織が機能不全に陥ることもしばしばです。だからといって、（責任の所在を明確にするために）分掌を細かく分けすぎると、今度は教員間の連携が複雑になってしまい、校務が遅滞します。
このような書き方をすると、あたかも八方ふさがりのように思われるかもしれません。しかし、打開策はあります。それはまず、次のように校務分掌の位置づけを変えることからはじめることです。

**［一般的な校務分掌の位置づけ］**
組織表に基づいて教員各自に校務（既存の仕事）を割り振ること
↓
**［私の考える校務分掌の位置づけ］**
教員がそれぞれに得意なことを発揮できる校務（場と出番）をつくること

前者の特徴は、校務の中身が半ば固定的である点です。前年度に行っていた校務を割り振ることになるので、自然と前例踏襲になります。その結果、その仕事は「やらなければならないからやる」というメンタリティが優位に立ち、教員の行動が他律的になります。それに対して後者は、前年度はどうだったかを考える以前に、所属する教員はどのような個性をもっているのかをつかんでおく点に、前者との大きな違いがあります。

教員一人一人が得意を生かせる校務をつくることができれば、教員は高いモチベーションをもって、自分の仕事と向き合えるようになります。そうできれば、わざわざ責任の所在うんぬんなどと言い出さなくても、自然と責任感をもって自らの校務を遂行するようになります。

いずれにしても重要なのは、教員一人一人のよさや専門性を発揮できる組織にすることです。そこで私は、次のキャッチコピーを掲げ、組織づくりの根幹としました。

## 「一人一人が輝き、出番のある学校」

教員一人一人が自らの専門性やよさを発揮できてこそ、学校組織は活性化します（「第8章　教員がつくる校内研究組織」で詳述）。

県の指導主事時代には多くの学校を訪問しましたが、埼玉県の学校であればおよそ、校内研究の組織については「授業研究部」「調査研究部」「環境部」の3部会が設置されていました。

最初のうちは〝そういうものなのかな〟とも思ったのですが、やがて「なぜ、この3部会なのだろう」と疑問をもつようになりました。「これまでずっとそうだったから」という以上の理由が見当たらなかったからです。〝明確な必然性がないのであれば、それこそ教員一人一人の責任はあいまいになり、主体性が発揮されない組織となってしまうのではないか〟と自問自答したのです。

こうしたことがあって、校長になった私は、「子どもたちが自立できるための組織づくりをゼロベースで考えてみませんか」と研究主任に訴えました。その結果、誕生した部会の一つが「野寺っ子花丸ノート部」です。

この部は、子どもの学力向上を目指し、ノートの充実に特化した組織です。全国どこを探してもこのような部会は存在しないのではないでしょうか。それもそのはず。部会の目的もネーミングも先生方が練りに練り、「野寺小の子どもたちに必要なことはきっとノートのはずだ」と考えて立ち上げた部会だったからです（「第8章」で詳述）。

「では、よほど特殊なことをしていたのか」などと思われた方もいるかもしれませんが、実のところ従来の授業研究部とそうたいして変わりありません。決定的に違うのは、先生方が部会の目的と研究内容を考え出したことです。

野寺小の教員には、「自分たちに必要な仕事は、自分たちでつくり出す」という意気込みがあります。これもまた「一人一人が輝き、出番のある学校」にする方策の一つです。

# なにが教員のやる気を奪うのか

## 1　教員の抱えている先入観

勤務校の職員室を見渡すと、たとえば〝A先生は、やる気があるようには見えない〟などと感じることがあるかもしれません。それに対して私は「（いまそう見えるからといって）最初からやる気のない教員などいない」と考えています。だからもし「この先生は…」などと感じられることがあるのだとしたら、その先生のやる気を失わせてしまう要因がどこかにあるはずなのです。

その元凶の一つとして私が考えるのは次の事柄です。

### 「これまで何年も行ってきたことは変えられない（変えたくない）」という頑なな（管理職を含む）教員の先入観

もしこの見方が正鵠を射ているとすれば、なにがそのような先入観をもたせているのでしょう。その最たるものが、前述した校務分掌組織のあり方です。満遍なく一人一役などとしてしまうことで生じる責任のあいまいさが、学校特有の鍋蓋組織をより強化してしまい、教員一人一人が主体性を発揮するのを妨げてしまうのです。

このような議論をもち出すと、「教員の意識改革を促すことこそ必要だ」といった主張がなされることもあります。しかし、私はあまり現実的ではないように思います。人は、他者の思惑に合わせて、自分の意識を改革しようなどとは思わないからです。ここに「教員の意識改革」が、いつまで経っても古くて新しい課題でありつづける理由があります。さらに言えば、他者からの働きかけによってはもちろん、自分の意志の力をもってしても意識を改革するのは容易なことではありません。

そうであれば、校長として行うべきは明らかです。教員一人一人の先入観を剥がすことに尽きます（もし剥がせなければ、どのような学校経営改革案も画餅に帰します）。そうすることができさえすれば、「新しい挑戦はおもしろい」「自分の得意を発揮できそうだ」といった機運を生み出すことができます。その過程で、教員は本来のやる気を取り戻し、自分のもてる力を意識的に発揮してくれるようになるのです。

そう考える私がまず行ったことは、「校務分掌や普段の仕事に対して『なんで？』と感じたことを大切にしてください」と先生方に伝えることでした。

「なんで、こんなことやるの？」

「なんで、時間外なのにやらなきゃいけないの?」

「これって、本当に子どもの役に立つの?」

など、「なんで?」といった疑問を強く意識することが、先入観を剥がす第一歩になるからです。

以前、ある教員とこんなやりとりをしたことがあります。

「校長先生、そろそろ全校縦割集会『先生を探せ!』の準備をする時期に来たのですが…」

少々、言いよどむような言い方です。おそらく、〝その準備はいつもたいへんだけど、本当に行う必要があるのだろうか〟と疑問に思っていたからでしょう。

そこで私は、こう伝えました。

「毎年やっていたことなのでしょうけど、子どものためにならないとか、負担が大きい割にはあまり意味がないと感じているのであれば、やめてしまっていいですよ」

この一言を発したときのその教員の驚いた様子が、いまも脳裏に焼きついています。

「えっ、いいのですか」と言ったきり、しばらく言葉がつづかなかったくらいですから。

校務分掌引継ぎファイルを墨守してきた先生方などは、そのファイルに書かれていることを書かれているとおりに履行することが、自分たち(公務員)の責務だと思い込んでいます。

もちろん、なかには継承していくべき事柄もあるでしょう。だからこそ、「（いままでやってきたことだけど）それは、いま、自分たちや子どもたちにとって本当に必要なことなのか」と問い直し、フラットに論じ合えるようにすることが必要なのです。

時代は変化します。子どもや保護者のニーズも変化します。それに伴って教員自身の考え方も変化します。変化そのものは、（いいも悪いもなく）世の理です。しかも、変化のスピードは加速度を増しています。

そうであるにもかかわらず、先入観に縛られて前例に固執してしまえば、自分たちが行っていることと、目の前で起きていることとを隔てる乖離は大きくなるばかりで、いたずらに教員を疲弊させます。それでは、やる気などもちようがありません。さらに、教員の疲弊は、ダイレクトに子どもの学びに暗い影を落とします。

ですから、「なんで？」と思ったことは忖度なく表明し合い、もしその問いに対して妥当な答えを出せないのであれば、スパッとやめてしまえばよいのです。

逆に、子どもの学びに資すると心から思えることならば、（「これまでは…」といった発想をいったん脇に追いやって）ゼロベースで「では、どうすればよいか」を考えることに注力するほうが賢明であり、現実的です。

そのための「新しいこと」へのチャレンジです。こうしたことを先生方に促せるのは、校長においてほかにありません。

## 2　生徒指導上の問題

ほかにも、生徒指導上の問題があります。

学校においては、生徒指導部会を設置し、子どもたちのさまざまな問題行動に対する対応策を論じ合っていると思います。対応マニュアルを整備している学校も多いことでしょう。

しかし、〝あまりうまくいかないなぁ〟などと感じることのほうが多いのではないでしょうか。〝不登校などは学校だけでどうにかなるような問題ではないし…〟と。もし教員が一人で抱え込んでしまう状況を管理職が看過すれば、教員はやる気と元気が奪われてしまうでしょう。

では、外部関係機関との連携を強化すれば、解決に向かう対応が可能になるのでしょうか。確かにその可能性は十分にあると思います。しかし、教育現場では日々業務に追われ、生徒指導の対応は放課後に行われることが多いことを考えれば、実行性が低いように思います。時間的制約があまりにも大きいからです。頭ではわかっていても、外部関係機関との連携強化を図る余裕はありません。こうしたことも、教員の元気が吸い取られる要因です。

では、どうすればいいか。

私は子どもたちと関係が近い保護者や地域に対して「情報をオープンにすることに尽きる」と判断しました。そこで、学校運営協議会の委員が、生徒指導部会に入れるようにしたのです。

従来、このようなチャレンジは、（学校現場においては）タブー視されていたかもしれません。教員には守秘義務（地方公務員法第34条）が課せられているし、不登校やいじめなどといった生徒指導上の問題は、とりわけセンシティブな話題です。個人情報保護の観点からも、「学校運営協議会の委員に情報をオープンにするのは困難だ」と受け止める人は少なくないでしょう。

しかし、道は最初から拓かれています。

平成16年に地方教育行政の組織及び運営に関する法律が一部改正され、47条の5において学校運営協議会が創設されましたが、文部科学省は本条に関して「条文解説」を行っており、次のように示しています。

協議会の委員は、地方公務員法第3条第3項第2号に該当し、特別職の地方公務員の身分を有することになります。このため、地方公務員法上の守秘義務等は課されませんが、委員は、児童生徒や職員等に関する個人的な情報を職務上知り得る可能性があることから、教育委員会規則において守秘義務を定めるなどの適切な対応が必要です。

これを受けて、新座市においても次の規定を置いています（学区域の1校でも学校運営協議会を設置している自治体であれば、同様の規定を見つけられるはずです）。

**新座市学校運営協議会規則第7条**　委員は、職務上知り得た秘密を漏らしてはならない。その職を退いた後も同様とする。

こうした法的根拠を踏まえ、協議会の委員に入ってもらって学校の悩みを打ち明け、教員と同じ土俵に立って子どもの問題行動にどう対応すればよいかについて論じ合ってもらうことにしたわけです。

そこで、しっかりと協力関係を築いて生徒指導部会に参画してもらうだけでなく、保護者面談への立ち会い、不登校児童の家への訪問、民生委員と兼務する委員の方には夜問訪問など、さまざまな場面で協働しました。

法的には問題ない取組だとはいえ、なかには、心情的に抵抗感をもつ方や反対意見を述べる方もいました。しかし、実際に行ってみると、よかったことのほうがはるかに多かったのです（「PTA、地域との協働」については「第4章」「第5章」で詳述）。

そして、こうした取組は、けっして特別なことではありません。むしろ、学校運営協議会を設置するコミュニティ・スクール（CS）の本来あるべき姿だと私は考えています。

## 学校経営改革を遂行するうえで欠かせないこと

### 1　教育委員会との密な連携が欠かせない理由

教育委員会の職務のうち最も重要なことは、管下の学校経営を支えることです。けっして管理行政の名の下に管下の学校の取組を縛るものであってはなりません。「校長が目指していること」の実現に向けて、どれだけ丁寧に協働できるかが問われるのです。

ありがたいことに新座市においては、金子廣志教育長がまさにその責務を果たすべく、「アグレッシブ・イノベーション」（キャッチコピー）を掲げ、先頭を切って各学校長の学校経営改革をバックアップしてくださっています。

しかしながら、どれだけ教育委員会がすばらしいバックアップ体制を敷いてくれていても、各学校の校長が、以下の事柄を明らかにできていなければ、バックアップしようがありません。

●どのような経営ビジョンを掲げるか。
●経営ビジョンを具現化するために必要な達成目標をどこに設定するか。
●目標を達成するために必要なリソースはなにか。
●どのような成果物をもって目標が達成されたとみなすか。

校長が右の事柄を明確にし、実現可能性を示唆できる説得材料を携えて、事前に相談するからこそ、教育委員会は当該校をバックアップできるようになるのです。こうした点を考えるだけでも、事後報告がいかに悪手かがわかります。校長は教育委員会との連絡を密にし、校内の情報をオープンにしながら、自分の実現したい願いを伝えることが本当に大切なのだと思います。

当たり前のように思われるかもしれませんが、意外に徹底されていないことの一つです。教育委員会への報告・連絡・相談は、トラブル対応であったり、研究指定であったり、教科等の全国大会の会場校に選ばれたりするなどといった、なにか大きな出来事があるときに行えばいいなどと思ってしまえば十中八九、学校経営の舵取りを誤ります。

とはいえ、教育委員会との密な連携が必要だといっても、むずかしいことを求めているわけではありません。

たとえば校内を見渡して、子どもたちや先生方の様子、外部から入ってきた情報などで「いまのところ問題とはいえないけど、このまま放っておいても大丈夫かな？」「以前よりも子どもたちが意欲的だ」「教員の表情が明るくなってきたな」など、なにか気にとめたことがあれば、その日のうちに担当の指導主事に連絡を入れ、世間話などを交えながら「今日、こんなことがありましてね」などと伝えておくということなのです。

こうした日ごろからの連携があれば、自分の「目指したいこと」の実現可能性はグンと跳ね上がります。トラブル対応に関することであれば、（ことが起こる前からおよそ情報が共有されているわけですから）対応を間違えずに済みます（必要以上にこじれません）。のみならず、トラブルの解消に向かうスピードが圧倒的に違います。

このように、教育委員会との連携の仕方次第で学校経営改革の確度が大きく変わるわけですから、校長に求められるきわめて重要なマネジメント能力の一つだと言って差し支えないでしょう。

実際、野寺小では、教育委員会との円滑な連携が功を奏して、実にいろいろな新しい試みにチャレンジすることができました。

たとえば、田んぼや畑を造成する際に耕運機を購入してもらったり、水道管を引いてもらったりした際には、（年度途中でありながら）特別な予算措置を講じてもらうことができました（子どもと共につくった手作り田んぼの実践は「第6章」で詳述）。これも、日ごろから野寺小における子どもへの教育効果や地域連携の効果を伝えていたからにほかなりません。

## 2　学童保育に通う子どもたちの環境を変える

教育委員会との密な連携は、（単に予算措置をしてもらうだけでなく）保護者、地域、所属職員が、自分たちの立場を越えて協働し合える関係を築くことにも大きく寄与しました。その背景には、それぞれが自分の果たすべき責任を明確にし、誇りと使命感をもって主体的に自ら動ける学校になっていたことが挙げられます。

さて、ここで紹介したいのが、学童保育との連携です。

野寺小の子どもたちが通っていた学童保育室はたいへん手狭で、多くの子どもたちが窮屈そうにしていました。その様子を目の当たりにして、なんとかしたいと考えたのがきっかけです。

とはいえ、単純な話ではありません。学童保育は厚生労働省の所管で、放課後児童健全育成事業の設備及び運営に関する基準（平成26年厚生労働省令第63号）に基づいて運用されています。そのため、文部科学省が所管する学校教育とは法的根拠が異なります。

そのため、学童保育の活動時になにかトラブルがあれば、学童の職員が対応しなければなりません。それ自体は当然のことです。私が気になったのは、学童が校舎の敷地内にあっても、警備体制によって分断され、たとえば校庭さえも自由に使うことができない点です。

そもそも学校施設は「だれ」がどのような「目的」で利用できるのでしょうか。根拠となる法令を辿っていきましょう。。

**学校施設の確保に関する政令第3条**　学校施設は、学校が学校教育の目的に使用する場合を除く外、使用してはならない。

このため、学校施設は、右の「学校教育の目的」以外の目的で使用することはできません。これが施設利用の原理・原則です。

しかし、学童に通っている子どもたちは、野寺小の子どもたちです。学校という同じ場に身を置きながら、放課後になった途端、（学校にはたくさんの施設・設備があるのに）定められた窮屈なスペースにギュッと押し込められしまう状況を、私はどうしても放っておけなかったのです。

実は先の規定には、次の「但し書き」があります。

> 但し、左の各号の一に該当する場合は、この限りでない。
> 一　法律又は法律に基く命令の規定に基いて使用する場合
> 二　管理者又は学校の長の同意を得て使用する場合
>
> 2　管理者又は学校の長は、前項第二号の同意を与えるには、他の法令の規定に従わなければならない。

学童保育室に通う子どもたちに、学校の他の施設を利用できるようにする根拠が右の規定の第1項第2号であり、第2項に定める「他の法令の規定」とは、次の2つです。

> **学校教育法第137条**　学校教育上支障のない限り、学校には、社会教育に関する施設を附置し、又は学校の施設を社会教育その他公共のために、利用させることができる。

**社会教育法第44条第1項** 学校（国立学校又は公立学校をいう。以下この章において同じ。）の管理機関は、学校教育上支障がないと認める限り、その管理する学校の施設を社会教育のために利用に供するように努めなければならない。

学校と学童保育のパイプ役を担えるのは管理職以外にありません。そこで右の規定を踏まえ、教育委員会と連携しながら学童の狭隘化解消を目指すことにしました。

幸運なことに、学童保育の職員の一人が、私が教諭時代に担任した子の母親でした。そのおかげで連携・協力を円滑に進めることができました。加えて、次の取組を行いました。

- ●学童保育の職員の方にも参加してもらい、ＡＥＤ機器やエピペンに関する講習を行った。
- ●学童保育の活動時になにかトラブルがあった場合の対応策などについても、担任だけでなく養護教諭にも参加してもらって共に学び、放課後に起き得る万が一に備えた。
- ●学童保育時に施設が毀損した際には現状復帰する、子どもがケガをするといった際には事故の責任をもつことについて書面を取り交わした。

このように事前に万全の体制を整えることで、いよいよ私のやりたい本丸に切り込むことができました。「学校施設の目的外利用」を可能にする材料を手に入れ、教育委員会と法的根拠を確認し合ったうえで許可を得ることに成功したわけです。

＊

無事、学童に通う子どもたちは、さまざまな学校施設を利用できるようになりました。校庭だけではありません。体育館やプール、図書室も開放しました。のみならず、学校農園や野寺田んぼもです。ようやく子どもたちは、狭い学童保育室から解き放たれ、伸び伸びと過ごせるようになりました。

その後も、私は学童保育室に顔を出しては子どもの様子を見聞きしたり、学校での様子を伝えたりするなどして学童保育の職員との情報交換に努めました。「ココフレンド」（新座市が行っている子どもの放課後居場所づくり事業）にも参加し、あるイベントでは、ハロウィーンにちなんで一緒に仮装したり、牛乳パックでつくる「戻るブーメラン」づくりを指導したりしました。

学校側からの働きかけだけではありません。学童保育やココフレンドの職員の方には、子どもと一緒に学校農園を整備したり、花を植えたりするなど学校の取組に参画してもらいました。このようにして（同じ施設内にあるはずのに、「近くて遠い」と言われることも多い）学校教育と学童保育が近づいていったのです。

さらに、学童保育との関係が築かれたことで、放課後に子どもたちがどのように過ごしているのかといった情報も入るようになりました。おかげで、授業時間や休み時間などには見られない子どものよさを知ることにもつながったのです。

## 校長が最良のリーダーシップを発揮した姿

「なにをもってリーダーシップを発揮したとみなすのか」は、人によってさまざまだろうと思いますが、私自身は次の点に尽きると考えています。

**日常的に、子どもの声を聴く。教員の声を聴く。保護者や地域の方の声を聴く。**
**そのうえで、校長としてできることはなにかを明らかにし、あらゆる人脈を使い、できる限りのリソースをかき集めて確実に実行に移す。**

実際に実行に移した取組の一つに、保護者、地域の方、子どもなどと校長室で一緒に給食を食べるランチ・ミーティングがあります（「第4章」で詳述）。ときには校長室が、訪れる人々のお悩み相談室になることもありました。このようにして、校長室を多くの声を聴く場としたのです。

私は、相手がだれであろうと、（どうしても抜けられない予定でもない限り）何時間でも耳を傾けつづけることを心がけていました。そうすることで、校長に対する期待感も高まります。

しかしそれは、「この校長だったら、なにかやってくれるのではないか」という他律的な期待感ではありません。「この校長のもとでだったら、実行が困難だと思ってあきらめかけていたことにチャレンジできるかもしれない」という自律的な期待感です。

このような期待感が波紋のように広がっていくと、校長が「これが大事だ」「こうしなさい」などとあれこれ言う必要はなくなります。相手のほうから「これをやってみたい」「あれはやめたほうがいいのではないか」という声が聞かれるようになるからです。

私はそうした声を再び聴いて実行に移す。この繰り返しによって、教員や子どもたちのやる気が生まれ、学校全体が活気づいてきます。これが、私の考える「校長が最良のリーダーシップを発揮した姿」です。

「ハイ・ニコ・ピン」（「ハイ」は「返事」、「ニコ」は「笑顔」、「ピン」は「背筋を伸ばすこと」）という学校のキャッチコピーもその一環です。この言葉のもとで実現した取組には次が挙げられます（「第6章」で詳述）。

**【生徒指導主任からの発案】**通知表の行動の項目を変えた。

**【体育主任の発案】**ハイ・ニコ・ピン・シャツ（運動会のユニフォーム）を完成させた。

**【特別活動主任の発案】**縦割り集会で「ハイ・ニコ・ピン」にかこつけて「ハイ・ニコ・ビンゴ」（集会活動）を実現させた。

取組そのものは、〝そんな程度？〟などと思われるかもしれません。しかし、私はいずれもすばらしい取組だと考えています。なぜならば、いずれも前例のない取組であり、だれかから促されて行ったことではなく、教員自身が「やりたい」と手を挙げて実現したことだからです。

こうしたチャレンジは、校長のトップダウンでは生まれません。そうかといって、教員任せのボトムアップでもむずかしいでしょう。先生方一人一人の目線が同じベクトルを向き、校長の掲げた経営ビジョンを実現するために、「自分のしたいことはなにか」を主体的に考えられてこそ可能になる取組だからです。

ある教員の「やってみたい」が、やがて教員みんなの「やってみたい」になる。これが私の考える学校経営改革の理想型です。そのようにして生まれた（私の発想を超える）アイディアや取組はほかにもたくさんあります（「第6章」で詳述）。

**先生方や子どものやりたいことを引き出し、認めながら、現実化するのに必要な環境をつくる。**これが校長の行うべき最大のミッションです。そのためのリーダーシップです。そうとらえれば、校長がリーダーシップを発揮した姿の最終形は、「個々の教員や子どもが生き生きしている姿」にほかなりません。

そんなふうにしているうちに、教員同士の人間関係が円滑になり、学校組織も風通しがよくなっていきました。学校にかかわる人たちが、共に家族であるかのように思える学校になっていったのです。

## 子どもたちが本物の学力をつけるために必要なこと

私は校長として目指していたのは、子どもたちが本物の学力をつけることです。

その一環として、校長室前に季節の植物やプールのヤゴ、サケの卵など展示コーナーをつくっていました。また、学校農園には1m×2mの透明アクリル板を壁に取りつけ、地中の生物（オケラやアリ）やたんぽぽの根などを観察できるようにしていました。

こうした仕掛けに子どもたちは引き寄せられます。「これはなんなの？」と、みな目を輝かせて興味津々。

どの教科等の授業においても、ココがスタートラインです。子どもたちが知的好奇心や探究心をもって学習に没頭できてはじめて、身につけた学力が本物になっていくからです。そうなるために欠かせないのが「子ども自身が学びのPDCAサイクルを回せるようになること」です。粘り強さや自ら学習を調整することを重視する「主体的に学習に取り組む態度」に通じるものです。

こうしたことから、どの教科等においても「感じ・考え・実感する」学習過程をベースにすることを、野寺小学習スタンダードに位置づけました。

**【第1段階】** 子どもの知的好奇心を揺さぶり、感じる部分、感性を大切にすること。

**【第2段階】** 感じたことを表現し、他者と協働しながら考えられるようにすること。

**【第3段階】** 学びが実感を伴うようにすること（「深めの働きかけ」を意図的に仕組み、実生活との関連づけを行う）。

2年間もの間、右の学習過程を重視した授業改善に取り組んだことで、野寺小の子どもたちの学力は、教師が目を見張るほどに向上しました。これはひとえに、教員集団の指導の質的な高まりによるものです。

実践の研究成果は委嘱研究発表会の場で行い、実際に自走している子どもの姿を見てもらいました（来校者は113名、「第8章」で詳述）。研究紀要のあいさつ文には「子どもが全員問いをもって授業に臨んでいます」と記しました。

以上が、本書全体を貫く私の「教育観」「学校観」「子ども観」の概要です。

*

（本章の冒頭でも述べた）「1年目は様子見」などといった考えは、私にはさらさらなく、着任して早々、4月1日より実行に移しました。そうすることができたのは、理由があります。

〝もし自分が校長になったら〟という仮定のもとで、校長として「なにを」「どのように」行うか、そのために必要な「条件整備はなにか」を数年かけて考え、文書にまとめていたからです（巻末に「付録」として集録）。だから、「1年目を様子見」にせずに済み、短期間で学校経営改革を遂行できたのです。

（校長職の経験年数などよりも）校長職に対する思いの深さと明確なビジョンで決まる。これが、私の考える学校経営の要諦です。

第2章 働き方改革~プレミアム休暇の導入

# 教職員が年休を取得しやすくなる環境づくり

教育委員会の管理訪問では、教職員の年休簿がチェックされ、計画的な年休取得についての行政指導が入ります（校長による文書回答が必要です）。

そこで私は、（この段階では形式的に）「休めるときに休んでください」と教職員にお願いしていました。

当初、教職員からは次の反応です。

「休みたくても、仕事が多くて休めません」

「休むと授業が遅れてしまう」

「休んだ次の日は、自習プリントの丸つけで余計に大変になってしまう」

年休取得率がアップしない背景になにがあるのかが一目瞭然ですが、このような反応となるであろうことは想定内です。むしろ問題点を浮き彫りにすることで、次の取組への期待感を教職員にもたせるための布石でした。

私がねらっていたのは、「プレミアム休暇」の浸透です。

プレミアム休暇とは、「誕生日休暇」「結婚記念日休暇」「自己啓発休暇」など、本人や家族にとってプレミアムな日に休みが取れる制度ですが、この制度を利用するよう教職員に促したのです。

年配の教職員からは当初、「いまさら自分の誕生日を祝う年でもないし、別に休まなくてもいい」といった意見もありました。しかし、次のように話をして理解を促し、お互い交代制で休むことを実行しました。


教職員の代わりはだれでもできますが、ご家族にとって先生方お一人お一人の代わりになれる人はおりません。どうぞ、ご家族のために、あなたを愛する方のために、ご自身の心身の健康を大切にされてください。

そのためにも、有給休暇の制度を遠慮せず大いに行使しませんか？　もちろん、私も積極的に休みます。先生方の笑顔がなによりも子どもの元気の源になるのです。


並行して実行性と実効性を高めるために、次の取組を行いました。

●教職員全員が自己申告したプレミアム休暇日を大型カレンダーに書き込む。
●そのカレンダーは、職員室の教頭の机の前に貼り、どの教職員もいつでも見えるようにしておく。
●誕生日等にどうしても休めない日は、別の日を設定し、お互いさまの気持ちで休むようにする。

ここで言う「お互いさま」とは、休暇を取得した教職員の授業をカバーし合うことを意味し、具体的には次の取組によって履行できるようにします。

●教職員が休暇をとっても担任する子どもに影響が出ないよう、学年、担任外、管理職も含め、授業に入り、平常どおり授業を進める。
●休暇を終えてリフレッシュした教職員が出勤してきたときには、職員室の自席や学級の机上になにも乗っていないようにする（連絡帳の返事や当日行ったプリントの丸つけなどは補助に入った教職員がすべて済ませておく）。

こんなふうにしているうちに、教職員の反応はだんだんと変化していきました。

「平日にディズニーランドに家族と行ったら、誕生日特典があったんですよ」

「1日まるまる休むのは気が引けたので、金曜日の午後に取得してみたのですが、好きな映画を見ることができて、ゆっくりできました」

「平日にお休みをいただいて、駅前で買い物をしていたら、保護者とばったり。でも保護者の方が『リフレッシュしてくださいね』と声をかけくださり、温かい気持ちになりました。校長先生がPTA役員会で説明するっておっしゃってたの、本当だったのですね」

実を言うと、この取組の推奨は、なにも年休取得率アップだけが目的ではありませんでした。裏テーマがあります。それは、教職員の気力・体力を充実することでメリハリある働き方を実現することです。

実際、教職員の表情に笑顔が多くなり、意欲的に授業を行う、休み時間にもゆったりとした気持ちで子どもと接する姿を、日々の教室訪問からもうかがうことができるようになりました。それまでに見られたダラダラと仕事をする働き方が影を潜めたのです。

＊この取組については、鈴木秀一議員（新座市議会議員・公明党）より、野寺小のプレミアム休暇が記してある大型カレンダーの写真を議場で提示し、働き方改革を促す取組として、計画的な年休取得が実行されていることをご紹介いただきました。

# 第3章　授業力向上策～短期内地留学制度の導入

## 子どもたちの学力を伸ばすには教員の力量を上げるしかない

私が校長として着任した当初、野寺小の喫緊の課題は「学力向上」でした。

それまでも研究授業については各学年で行い、少しでも授業が改善されるよう努めてはいたようですが、旧態依然から抜け出すことができず、子どもの変容を促すには至ってはいませんでした。

私自身、日々の授業を子どもたちが楽しみにし、「一人一人が輝き、出番のある学校（授業）」にできないものかと悩んでいましたが、授業に対する私と教職員の温度差が思うように埋まりません。

そんな折に私が活用したのが、かねてより準備していた学校管理規則です。

（出張）

**新座市立小、中学校管理規則第22条**　職員が校務のため出張する場合は、校長が命令する。ただし、校長は、職員の出張が引き続き7日以上にわたる場合は、あらかじめ教育委員会に届け出なければならない。

この規定の文末表現に目を奪われると、〝毎回、教育委員会に届けないといけないのか〟などと面倒さが先に立ちます。しかし、目に止めるべきは「7日以上にわたる場合」という条文の要件です。裏を返せば「6日以内であれば、教育委員会への届け出をせずに、校長判断で教職員を出張させることができる」ということですから。

（学校管理規則に限らないことですが）**権限をもつ者が自分の実現したいことを実現するために、法令等に定める条文の規定をどう読み替えるか**（解釈するか）**が重要だ**ということです。

ちなみに、学校管理規則そのものは設置者の権限で制定するものなので、（根拠法令である地教行法第33条等をはじめとする関係規定に抵触しない限り）自治体が自由に定めてよいものです。しかし、そもそも昭和31年に地教行法が制定された折に発出された通知に則って一斉に制定されたものなので、全国どの自治体においても、その骨格に大きな違いはありません。

私はこの規定を大いに活用することにし、7日未満の出張を教員に対して積極的に奨励したのです。

出張先は、筑波大学附属小学校です。当時、副校長を務められていた森田和良先生にお願いし、窓口になってもらった理科部の先生方にも尽力いただきながら、野寺小の教員を2年間かけて28名派遣しました。

研修を目的とした「出張」というと、何千円ものお金を払って研究会に参加し、1時間の授業を参観して学んだことをもち帰るのが一般的だと思います。しかし、野寺小が取り組んだ出張派遣では、1日6時間、筑波大学附属小学校の著名な先生方のさまざまな教科を独り占めして参観し、直接指導してもらうことができたわけです。たとえ6日以内といえども、出張を終えて帰ってきた教員の視野がどれだけ広がったかは想像に難くないでしょう。

筑波大学附属小学校に出張に向かわせる際には、お昼代として500円をもたせていました。特別会計からの拠出です（大学連携COC事業により、研修費用を捻出）。「せわしない給食指導から一時でも離れ、茗荷谷駅付近でランチを楽しんできてね」という思いでした。

次に紹介するのは、3日間筑波大学附属小に通った若手のA先生の授業を参観したときのことです。4年の社会科でした。

授業開始のベルが鳴るや、A先生は大きく膨らんだゴミ袋をもち出して問います。

「これはなんだと思いますか?」

子どもたちからは「ゴミ袋!」と声が挙がります。

次に「なにが入っていると思いますか?」と問うと、「ゴミです!」という声。子どもたちは興味津々です。

「では、どんなゴミが入っているか見てみましょう」と言って、ガサゴソと取り出しては、子どもたちの見えるところに置いていきます。すると、そこには、紙を丸めたゴミ、空のペットボトルが積まれていきます。果ては表面が割れたスマートフォンまで出てきました。

その様子を見ていた子どもから「これはひどい…」というつぶやきが生まれます。それをすかさずひきとって「なにがひどいのでしょう」とA先生は問い返します。

ゴミの分別の視点をもたせるために燃えるゴミと燃えないゴミなどを混ぜて見せ、どんな問題が生じるのかを考えさせながら子どもとやり取りしたわけです。

その後も、分別の現状に関する資料を提示して「問い」を醸成するといった見事な展開でした。授業後に話を聞いてみると、筑波大学附属小学校の先生の真似をしてみたと言います。

このとき、古い記憶が蘇ってきました。30年も前のことです。当時、筑波大学附属小学校で教鞭をとっていた理科の露木和男先生の授業を観た後の自分の実践です。A先生がしたように、露木先生の授業を真似てみたのです。アメンボや霜柱を扱った授業でした。

よい授業には、理屈ではない、心に訴えかけるなにかがあります。教員と子どもとの信頼に裏打ちされた温かい空気が教室に漂っています。〝A先生は当時の私と同じ思いで教壇に立っていたのではないか〟とも思われました。

そうは言っても、真似をしているだけでは道半ばです。どうやって自分のものにするかが問われるでしょう。しかし、真似るは学ぶ。自分を成長させる第一歩になるのは疑いありません。

教員の力量向上が目的とはいえ、3日間も連続で出張に行かせるのですから、その教員の担任する学級の授業カバーは確かに大変です。プレミアム休暇にしたってそうです。しかし、本当に取り組んでよかったと思います。

プレミアム休暇の活用は、教員のモチベーション向上やゆとりある授業準備、働き方改革をもたらせてくれました。短期内地留学制度は個々の教員の力量向上のみならず、他者の授業から学ぶ重要性を感じ取らせ、野寺小でもお互いの授業を見合う文化を醸成してくれました。確かな理論に裏づけられた教員集団へと質的に高めてくれた取組です。

短期内地留学制度を実現できた背景には、コミュニティー・スクールによる連携もあります。保護者の日常的な授業補助、事務処理の補助などが大きな力となったのです（「第4章」で詳述、巻末に「短期内地留学研修報告書」を掲載）。

＊

日々、自分流の授業を行うだけでは、何十年経っても力はつきません。では、どうすれば自分の授業を改善していけるのでしょうか。

## 一流に触れる。

私はこの一言に尽きると思います。

第4章 PTA、地域との協働

## トイレに行く時間もない！～全学級副担任制度の導入

2年生の教室を訪問したときのことです。

子どもたちは担任の前で掛け算九九を唱えていました。長蛇の列です。最後の子どもが担任の前で九九を唱えるまでにはかなりの時間がかかります。列に並んでいない子どもは、友達同士で掛け算九九を唱え合い、友達のチェックを経て、最終確認を担任が行っていました。休み時間には、掛け算九九を唱えることができない子どもに対して個別に指導する担任の姿がありました。

次に1年生の教室をのぞくと、水着に着替えるのがむずかしい子どもに対して、担任が着替えを補助しています。ときには、子ども同士のトラブルから教室を飛び出してどこかに行ってしまった場面に遭遇し（まず下駄箱を確認し、外履きがあった場合は学校内を探します）、担任とともにいなくなった子どもの対応に追われることもあります。

このように毎日の教室訪問では、子どもたち一人一人に対してきめ細やかに見届けている先生方の指導を目の当たりにし、頭が下がる思いでした。と同時に、「今日はトイレに行く時間もないくらい忙しい！」と私に聞こえるかのようにつぶやく先生もいたくらいです。

そんな先生方の大変そうな様子を見ていて、なんらかの形で子どもたちの多様な学習支援や生徒指導の支援を後押しできないものかと考えを巡らせていました。

そんな折に誕生したのが「全学級副担任制度」です。

中学校ではごく一般的な副担任制度ですが、小学校では全国見回してもあまりないと思います。それはそのはず。全科担任を前提とする小学校では、教員数は学級数に大きく左右されるので、（加配などの特別な措置がある場合を除き）副担任を置く余剰はまずありません。そこで思いついたのが保護者への協力要請です。つまり、保護者が交代制で担う副担任制度なのです（当時ＰＴＡ会長を務めていた荒井規行さんの後押しのおかげです）。

ただそうは言っても、そう簡単に実現できるものではありません。キャッチコピーを「全21学級副担任のいる学校」（野寺小版コミュニティー・スクール）と掲げ、ＰＴＡ会議の場で直接説明したり、各担任からも授業参観後の懇談会で説明したりしながら、粘り強く保護者の理解を求めていきました。

加えて、学校だより、地域の掲示板等を活用し、「わが子だけでなく、わがクラスの子、わが学年の子、そしてわが野寺小の子だと思い、地域とともに子どもを育てるという意識で、学校にご支援・ご協力をお願いいたします」と何度も訴えかけつづけました。

さらに、PTA会長も、「学校協力・2週間見守り体験」と銘打ち、全家庭に手紙を配布するなどして「副担任制度」の取組を後押ししてもらいました。

このようにして取組の趣旨が浸透していくにつれ、保護者が続々と授業に入ってくれるようになっていきました。具体的には、次のような指導補助です。

●担任と共に丸つけをしたり、掛け算九九検定の補助をしたりする。
↓子どもたちの長蛇の列を解消できる。
●低学年プールの補助をしてもらう。
↓担任は全体指導に集中できる。
●問題行動のあった子どもを別室に連れていってもらって話を聞き、クールダウンさせてから教室に戻す。
↓授業に支障を来さず、子どもも安心して戻ってこられる。

また、赤ちゃんを負ぶりながら掛け算九九検定をしてくれる方、朝ふらっと職員室に顔を出して「30分ならお手伝いできるんですけど」と声をかけてくれる方（急遽、ゴム印を押す教員の事務処理を手伝ってもらいました）など、数え上げたら枚挙に暇がありません。

とくに、巡回教育相談の先生が出勤していないときなどは本当にありがたく思いました。これまでも、調理実習やミシンの支援などといったトピック的な学習補助はありましたが、常時、学級に入ってもらえることの効用は図りしれません。担任にとっては授業に専念でき、子どもにとっては学力保障につながる、複数の大人の目があることで子どものSOSをキャッチしやすくなり、いじめの早期発見にもつながるといったこともあります。

私自身、昭和の昔を振り返ると、家の近くでいたずらが過ぎた折には、近所のおばさんからこっぴどく叱られた覚えがあります。地域が子どもを育てるという機運が、まだ健在だった時代の話です。それに対して、現代ではそうした姿を見かけることはすっかりなくなりました。

しかしそれは、地域の子どもの成長に対して無関心になったからではないことを、このとき私は学びました。おそらく、人が変わったのではなく、環境が変わったのでしょう。そうであれば、（私たちの校区に限られたものだったとしても）環境のほうを変えることができれば、手を差し伸べてくれる大人はたくさん現れるということです。

日々の授業では、想定外のことが起きます。教員一人の力では対応がむずかしい場面はたくさんあります。それが現実です。そうした状況に対して、「もっと頭を働かせて仕事の効率を上げる工夫をしてください」などと言うのは簡単です。もっともらしく聞こえるお願いでもあります。

しかし、管理職の立場にあるならば、思考停止です。管理職としてできそうなことを考えることをせず、教員一人一人に丸投げしているのに等しい（自己責任扱いにしている）からです。

＊

子どもたちの学習や生活、各種の事務は、確かに教員の仕事です。しかし、指導要録の作成などといった守秘義務に抵触するような事柄でない限り、保護者や地域の人たちの手を借りることは、けっして恥ずべきことではありません。むしろ、保護者・地域の人が、「できること」を「できそうなとき」に「できる範囲」で担ってもらう「全21学級副担任のいる学校」は、コミュニティー・スクールのあるべき姿の一つ足り得るのみならず、野寺小のブランド力をも高めてくれたのです。

ただ、そうは言っても、保護者、ＰＴＡに対して一方的に頼みごとをしさえすれば、右に述べたことが実現されるわけではないことも事実です。行事の手伝いなど一過性で終わるイベント的な取組であればいざ知らず、継続的な協働関係には至りません。学校と保護者・地域間でお互いに利益を享受し合えることが欠かせないのです。

では、そのようなウィン・ウィンな関係構築のために必要なこととは、どのようなことでしょうか。実を言うと、それほど大層なことではありません。普段、校長である私や教員がなんとなく行っていることの「おかしさ」「不自然さ」に気づき、見直すだけです。

ここで紹介するのは、私が行ったことの一部です。同じシチュエーションではなくとも、管理職として疑問を投げかける視点になると思います。

## 1 PTA会議でのコーヒー廃止

ＰＴＡ会議に出席すると、毎回、校長や教頭にコーヒーが振る舞われていました。最初のころはなんの疑いもなくごちそうになっていましたが、あるとき〝このコーヒー代はどこから？〟と疑問に思いました。保護者に尋ねてみると、「自宅から自前のコーヒーを持参してきました」との回答です。「ＰＴＡ会議の引継ぎノートに書いてあったから」というのが理由です。

そこで私は、ＰＴＡ会長を通して、お気持ちはありがたく感謝しつつ、次回からお気遣いなさらないよう丁重にお断りしました。

これで一つ、PTA役員の仕事が減っただけでなく、意味や必要性の感じられない前例踏襲をやめることができました。

## 2 PTA会議録、管理職の挨拶原稿の校正の廃止

PTA会議では、毎回、校長や教頭が会議冒頭に挨拶をします。議事録担当の方はICレコーダーで録音し、テキスト原稿に起こします。教頭は数回にわたって原稿を校正して校長に提出します。校長は内容を確認後、PTAだよりとして発行します。さらにこの間、広報担当の方は何度も学校に足を運び、PTA会議引継ぎノートを確認します。

このことも、当初は違和感を覚えてはいなかったのですが、ウィン・ウィンの視点から考え直してみると、必要以上にPTA担当者の負担を増やす工程であることに気づきました。

そこで、管理職の挨拶については最初から原稿にまとめ、あらかじめPTA担当者に渡すようにしました。当日話をしたことが原稿と多少違っていることもありますが、話の趣旨は変わりませんから、元の原稿のままPTAだよりに掲載するようにしたわけです。結果、議事録担当の方の業務量を減らし、広報担当の方が来校する回数も減り、さらに教頭の仕事も減りました。

## 3　給食試食会、PTA会議ついでの授業参観、そしてランチ・ミーティングへ

教室訪問の際には、私はよくPTA会議室にも顔を出していました。すると、朝に見かけたPTAの方が、夕方にも残っている姿をたびたび目にしました。学校のために丸1日作業されていたのです。

後に、近くのコンビニでお弁当を自腹で買って、お昼を済ませていたこともわかりました。「ありがとうございます」と労いの言葉をかけるだけでは申し訳ない気持ちになりました。

このとき〝いまならできるかもしれない〟と考えたのが、（かねてより構想していたことの一つである）給食試食会でした。PTAの仕事で来校される保護者の方に給食を召し上がってもらうのです。早速、栄養士の先生や調理員さんに相談したところ、1日10食までなら可能だとのことだったので、実行に移しました。1食240円を徴収しましたが、勤務校のおいしい給食を味わってもらう機会としたのです。

いざ実際に行ってみると、いいことしかありませんでした。「昨夜、うちの子に『今日あなたと同じ給食を食べたんだよ。美味しかったね』と話したところ、とてもうれしそうにしていました」と笑顔で話をしてくれた保護者の顔が忘れられません。PTAの仕

事をされていたときとは打って変わった、朗らかな表情だったからです。

もう一つ行ったのが、ＰＴＡ会議ついでの授業参観です。せっかく来校しているのに、ＰＴＡ会議に参加するだけではもったいないと考え、お子さんの授業を自由に参観してもらうようにしました。

給食試食会はやがて、「ランチ・ミーティング」へと発展していきます。ＰＴＡの保護者のみならず、交通指導員さんや用務員さん、自治会の方、学校運営協議会の方など、来校される多くの方々との会食を交えた意見交流の場としたのです。給食を食べながらの席ですから緊張がほぐれ、普段あまり口にしないような学校への意見や思いを聞ける場となりました。

なお、給食調理員さんにとっては、本来であれば調理しなくてもいい給食です。校長の願いを聞いていただいたお礼とともに毎回お花を届けていました。

## 4　子どもと一緒に花壇の花を植える

学校の花壇にはいつも季節のお花が植えてあります。着任当初、用務員さんが植えてくださっているのかと思って教頭に尋ねると、「ＰＴＡの役員さんたちですよ」とのことでした。水やりなどの世話も、わざわざ来校されて行ってくれていたのです。

このことに対しても、最初のうちは違和感を覚えず、ＰＴＡの役員さんたちには「いつもきれいなお花を植えていただきありがとうございます」と声をかけるだけでした。それからしばらくして、「花壇の花植えを子どもと一緒に行うようにすれば、短時間で済むだけでなく、子どもたちの環境教育の充実にも結びつくのではないか」と思いつきました。

そこで、各学年の学年主任に話をもちかけてみたところ、どの学年からも賛同を得られたので、早速実行です。

手はじめに3年生以上の子どもたちが、学年交代制で花壇の花植えをはじめました。するとどうでしょう。ＰＴＡ役員さんたち2～3名で数時間を要していた花植えでしたが、1学年60人くらいの子どもたちが一斉にとりかかったこ

とで、あっという間に終わりました。
　そしてもう一つ、うれしい誤算がありました。それは、次の日には子どもたちが自主的に花壇に水やりをするようになったことです。きっと自分が植えた花だから愛着が湧き、花の世話が自分事になったのでしょう。裏を返せば、それ以前は、毎日のように自分たちの視界に入っていても、花壇の花がまるで意識化されていなかったということです。
　このことがきっかけである日、４年生の子どもたち数名が校長室にやってきて「自分たちも花壇をつくって学校をきれいにしたい」とお願いに来ました。事前に担任に相談をもちかけたうえでのお願いでした。「ぜひやってみてください。どんな花壇になるか、いまから楽しみです」と言って許可しました。

子どもたちは花壇の設計図を書き、どんな花を植えたいかを調べ、必要となる費用も子どもたちが算出しました。そこで私は、この設計図をはじめとして子ども発信の花壇づくりの様子を学校HPに掲載しました。（教員もまたそうであるように）「自分のしたいことを実現するチャンスを与えてもらえると、子どもは自分の力を遺憾なく発揮する」ことを目の当たりにすることができた場面です。

こうして花壇の花植えは、子どもたちの環境教育の充実と、PTA役員さんの仕事の軽減に資する一石二鳥の取組となったのです。

＊

いずれも共通することは、**教員の仕事であっても、PTAの仕事であっても、学校教育にかかわるすべての仕事は、滅私奉公であってはいけない**ということです。

第5章　運動会を地域との協働関係強化の場にする

## 地域と連携して22張りのテントを設営する

校長室で学校運営協議会委員の赤川治男さんと「地区夏祭り」の打ち合わせをしていたときのことです。あるＰＴＡ役員の方から電話が入りました。「重要な要件だから」というので電話に出たところ、「5月下旬に開催する運動会で子どもが熱中症にならないよう、児童席にテントを設営してほしい」という要望でした。

野寺小には６００名以上もの子どもが在籍していました。要望を実現しようとすれば、テントが22張りも必要となる計算です。学校にはそんな数のテントはありません。仮にあったとしても、テントを1張り設営するのに６人もの人手が必要です。どう考えても叶えられそうにありません。

そこで、〝さすがに無理だろう〟とは思いつつも、「検討しますので、数日お待ちください」と答えて電話を切ったところ、その様子を見ていた赤川さんが間髪入れずに携帯電話を取り出し、新座市商工会館に電話をかけはじめました。

〝何か急用かな〟と思っていると、電話を切った赤川さんが言います。

「校長先生、22張りのテント、用意できそうですよ」

なんとテント借用の段取りをしてくださったのです。しかも、人手の算段まで。この実行力とスピードには驚くばかりでした。

運動会当日、早朝から多くの保護者、地域の方が来校され、教職員と共にテント設営を行いました。おかげで、22張りものテント設営を行ったにもかかわらず、例年どおりの準備時間で済みました。運動会終了後の撤収もあっという間です。

初夏の炎天下のなか、だれ一人体調不良を訴えることなく終えることができたことも、私にとってたいへん思い出深いものとなりました。

また、地域の野田英雄さんには、駐輪場スペースの草むしりをご厚意で行っていただいたことも忘れられません。運動会が多くの方に支えられて実施できたことを改めて実感し、感謝の気持ちで一杯になりました。

## 運動会を防災訓練の場にする

（およそどこの学校でもそうだと思いますが）運動会の日は「開門ダッシュ」が起きます。朝の7時、校門を開けると同時に、保護者や地域の方が、我先にと一斉に走り出します。言うまでもなく、場所取りが目的です。教員が「危ないから」といくら注意喚起しても、聞く耳をもってもらえず、怪我がないようにとハラハラです。

開放した体育館には、敷物が縦横無尽に敷き詰められます。なかには、3人家族には不釣り合いな大きな敷物を敷いて場所を占有する家庭もあって、他の保護者から苦情が入ります。体育館のトイレや玄関に通じる道もすべて敷物で塞がれてしまいます。いずれも教員時代から目の当たりにしてきた光景です。

あるとき、そんな光景を見ていて、ふと過去の記憶が蘇りました。私が教頭を務めていた新座市立東北小学校でのことです。

２０１１年3月11日、14時46分ごろ、東日本大震災が発生します。その日の夕方、新座市市民安全課より連絡が入ります。「何百人もの人たちが志木駅で足止めされているので、学校で帰宅困難者を受け入れてほしい」という要請でした。志木駅では「東北小学校が一時避難所である」ことがアナウンスされ、多くの方が切れ目なく学校に避難してきました。このとき、校長は家族の看病のために不在だったことから、私が陣頭指揮をとらざるを得ませんでした。そこでとにかくも、次の対応に取りかかりました。

- 避難者が混乱なく体育館や教室に入れるように、給食配膳台や机などを利用して通路をつくる。
- 保健室を赤ちゃんのおむつ替えや授乳室に充てる。
- 体育館に器械体操用のマットを敷き詰める。
- サッシをマットで覆って冷気を防ぐ。
- トイレ使用場所を表示したり、トイレットペーパーを確保する（すぐになくなりました）。
- 情報掲示板をつくる。

ほかにも、あらゆることをその場で判断し、若い先生方に協力してもらいながら帰宅困難者を迎え入れました。しかしそれでも、万全と言うには遠く及ばず、落ち着けるスペースを満足に確保できないなどのクレームが寄せられては、対応に追われました。

その日はたいへん寒い日でした。各教室には煙突ストーブがあったものの、学年末ということもあって灯油は使いきっていました。体育館の大型ストーブもほんの少しの灯油しか残っておらず、避難者全員の暖を取ることはできません。

市民安全課に連絡を取り、灯油と防災倉庫の毛布の手配を依頼しました。すぐに対応してもらえたものの、全員には毛布が行き渡らず、寒さに耐えるほかありませんでした。

夜も更けたころには収容できる人数を超え、少し離れた第二中学校への誘導案内を行いました。深夜2時には金子廣志教育長が陣中見舞いに来てくださり、ホッと肩の力を緩めることができました（教育委員会勤務時代にたいへんお世話になった方でした）。

翌日にはパンと飲み物が届き、やっと食事を取ることができました。実は、前日の昼からなにも食べていなかったのです。食事のありがたみを感じながら食べ終わると、帰宅困難者数百人は大型バスに乗り、それぞれ帰路につきました。

ひとたび災害やそれに伴う危難が訪れると、学校施設は被災者の拠点となります。当たり前のことなのですが、それがいったいどういうことなのかを理解した体験です。

話を運動会の朝に置き換えてみましょう。

開門ダッシュで我先に入り、体育館に無秩序に敷物を広げているその最中、大地震が起きてしまったら？　避難路も確保できずにパニックになり、けが人が続出してしまうのではないでしょうか。いざとなれば被災者の拠点とならなければならない学校が危険な場所となってしまうのです。そう考えた瞬間、冷や汗が止まらなくなりました。

その後、野寺小の校長になった私は、運動会当日の朝の状況を変える方法はないものかと、地域の防災訓練を手がけていた小清水達夫さんに相談しました。後日、来校された小清水さんは開口一番、体育館の図面を広げ、次のようにもちかけてきました。

「校長先生、いいアイディアを思いつきましたよ。運動会を防災訓練と兼ねることにして、体育館のシートスペースを区画割りするんです」

私たちは早速、次のように取り組むことにしました。

- 運動会を学校行事の場であるとともに防災訓練の場であると位置づけ、保護者や地域に周知する。
- 世帯人数に応じてスペースの区画割りを行う。
- トイレや非常口に通じる通路には、保護者の持参したシートを敷けないようにする。

実際に行ってみると、無秩序さがすっかり解消され、たとえ災害が起きたとしても避難経路を確保できるようになりました。しかも、収容できる人数も格段に増えたのです。

ところで、運動会の最中、体育館にいたお年寄りの一人が体調不良を訴え、救急要請を行ったのですが、体育館に担架を運び込もうとした救急隊員の方が「えっ！」という表情を浮かべました。理由を聞いてみると、体育館内が区画整理され、担架をスムーズに通せる通路があることに驚いたとのことでした。

さて、開門ダッシュ緩和のため、翌年にはさらなるバージョンアップを図ることにしました。全特別教室（冷房つき）、全トイレを開放し、さらに運動会に参加するに当たって各家庭からトイレットペーパー1個を持参してもらうことにしたのです（昨年はトイレを1ヵ所しか開放しておらず、どの時間帯でも長蛇の列でした）。

運動会当日は、児童数が600名強、保護者や地域の人を合わせると、ざっと1500人近くが学校に集まります。トイレをすべて開放するとなれば、学校のトイレットペーパーだけでは賄いきれません。災害によって各教室が避難所となった際にも同様に発生する問題です。これも3・11で得た教訓です。

見学場所やトイレ場所の制限は、学校の都合です。そうすること自体はなんの問題もありません。ただ、学校都合よりも、保護者や地域の人たちの都合のほうに寄り添うことを優先してみたら、昨年よりもずっと（教職員も含めて）みんなの笑顔が増えたということです。

もちろん、どの施設であれ闇雲に解放したわけではありません。裏舞台では、安全を確保する、盗難などを未然に防止するために、ＰＴＡや地域の方、制服警官の方に校内を巡視してもらいました。その効果はたいへん大きかったと思います。制服警官による巡視については、保護者・地域に対して事前に周知しておいたことで、不審に思われることなく、一件の問題事案も発生しませんでした。

さて、こうした取組はどれ一つとして、突然お願いしたからできるものではありません。日ごろからのおつき合いが大切です。運動会のみならず、生活科の町探検、地域学習、放課後の子どもの見守りなどなど、そのつど地元交番に赴き、情報交換したり、ちょっとした雑談をしたりする。些細なことかもしれませんが、学校経営上とても重要なことなのです。

最後にもう一つ、運動会では、次の言葉を合言葉にしていました。

「来たときよりも、美しく」

そのおかげで、教室、廊下、トイレは、合言葉のとおりピカピカになりました。

# 第6章 学校のブランド力を高める

## ゴミ分析のすすめ

私が野寺小に赴任したばかりのころ、ほかにも気になることがありました。それは清掃活動です。子どもたちはさぼらずに取り組んではいるのですが、あまりきれいにならないのです。教室や廊下、階段などの中央付近は綺麗になるものの、隅のほうにゴミが溜まったままです。

それもそのはず。ほうきを静かに動かし、少しずつゴミを集めるのではなく、ほうきを大きく振ってしまうので、周囲に散乱させてしまっていたからです。しかし、子どもたちが不真面目だったわけではありません。単に掃除の仕方を知らなかった（私たち教員が掃除の仕方をしっかり指導していなかった、その後の見届けが足りなかった）のです。

そこで私は「黙働責任清掃」を学校経営方針の一つに掲げました。「おしゃべりせずに集中し、自分の担当場所をきれいにすることが一人一人の責任なんだ」と子どもが自覚できるようにすることが目的です。

「学校でどうして掃除をするの？」

子どもからこんな質問をされたら、みなさんはどう答えますか？

「学校ではそうすることが決まっているからやらなければならないんだよ」

「大人になると、自分がしたくないことでもやらなければならないことがあるから、そのときのためのトレーニングだ」

こんなふうに回答したとします。それで子どもたちのほうは「確かに先生の言うとおりだ」などと思うでしょうか。表面上は頷いたとしても、内心では腑に落ちていないでしょう。

（清掃活動に限らないことですが）子どもの側にやらされ感があっては、どのような課題も根本的な解決にはいたりません。つまり、掃除の仕方を指導するだけでは足りないということです。子ども自身が「なぜ、学校には掃除の時間があるのか」という問いに対して納得感をもって答えられるようにすることが必要なのです。

そこで取り入れたのが「ゴミ分析」です。掃除の必要感を意識できるようにする（自分ごとにする）ことが目的です。具体的には、担任がプレミアム休暇のクラスに順番に入り、次のように掃除指導を行います。

●「これからみなさんとゴミを分析します」と言って、ほうきでゴミを1か所に集め、どんなゴミが出るか子どもに見せる（わたぼこり、砂、パン袋、ストローの袋、紙屑、消しゴムのカス、髪の毛などが見つかる）。

●教師が「人間が出すゴミはどれですか？」と質問して分類して見せる（パン袋、ストローの袋、消しゴムのカスなどが「人間が出すゴミ」であることがわかるようにする）。

●教師が「人間が出すゴミ以外には何がありますか？」と質問する（わたぼこりや砂が「自然に出るゴミ」であることがわかるようにする）。

●「人間が出すゴミ」は、子どもたちが出さなければ生まれないものであることに気づかせる。

●「自然に出るゴミ」については、いくら気をつけていても毎日出てきてしまうものであることに気づかせる。

ここで教師が、次のように話をします。

「パン袋、ストローの袋、紙屑、消しゴムのカスは、みなさんが休み時間などにゴミ箱に入れれば掃除の時間に片づける必要がありません。それに対して、わたぼこりや砂は自然に出てしまうものなので、掃除をしないと『給食のふりかけ』になってしまうのですよ」

するとどのクラスでも「そうか。だから、毎日掃除をしないといけないんだね」といった声があがります。

ここで「『人間が出すゴミ』がなかったら掃除はどうなりますか？」と質問します。子どもは「ものすごく楽」「早く掃除が終わる」と気づきます。

「ゴミ分析」指導を行った直後にクラスの様子を見に行くと、机の上の消しゴムのカスを手に取ってごみ箱に入れたり、ストローの袋をストローに巻きつけて回収したりする子どもの姿を目にすることができるようになります。私はすかさず全員の子どもに聞こえるようにその子のことを褒めます。

ただし、こうした褒め言葉は即時的な効果はあるものの、継続性には乏しく、放っておくと元に戻ってしまいます。そのため、粘り強く声をかける必要がありますが、つづけていればやがて清掃活動は改善されます。

いったん定着してしまえば、掃除そのものが早く終わるので、昼休みの時間が増えます。だらだらと時間いっぱいまで掃除をしていた様子が一変です。どのクラスもてきぱきと掃除をやり遂げられるようになったころには、「汚したところをきれいにするのたいへん」、だったら「最初から汚さないほうが楽」といったマインドを形成するに至ったのです。

私自身も毎朝、トイレの鏡、流しの掃除をつづけました。養護教諭のO先生はすべて

のトイレや昇降口に定期的にお花を飾ってくれました。あるとき、来校者の感想録に、次の言葉が綴られます。

「見違えるように学校がきれいになりましたね」

「学校に来て季節の花を見るのが楽しみです」

このとき、教員の働き方改革と重なりました。（教員であれ、子どもであれ）自分の身を置く環境が、次第に「気持ちがいい」「楽しい」「うれしい」ものになると、「プラスの連鎖が生まれ、どんどんよい方向へ向かっていくのだ」と。

ある日の全校朝会では、ニュー

ヨークの地下鉄から落書きが消えた話やフロントガラスが割れた車を放置すると、その後にどうなるか（「Broken Windows〈ブロークン・ウィンドウズ〉理論」）といった話をしたことがあります。

すると、ある低学年の子どもが、次のようにつぶやいたと言います。

「廊下にゴミが落ちてると、そこがゴミ箱だと思ってどんどん捨てちゃうんだね…」

あるとき、休み時間に廊下をほうきで履いていると、それを目にした6年生が近づいてきて「私もやります」と言って手伝ってくれました。また、きれいになった鏡や流しを眺めながら、「学校がきれいだと気持ちがいいね」と話をしている子どもの姿を見かけることもありました。

自律的な清掃活動と環境美化、これが学校自慢、野寺小ブランドの一つ目です。

## 野寺田んぼ・畑の造成・屋上まで伸びたヘチマ

### 1　自然に親しむ環境構成の工夫

私が田んぼで水やりや雑草抜きなどの作業をしていると、どこからともなく子どもたちが集まってきて、手伝いをしてくれながら、次のようにつぶやいてくれます。

「へぇー、稲にも花が咲くんだね」

「見て見て、黒くて細いトンボ（ハグロトンボ）がいるよ」

「なんか田舎のにおいがする。なんか落ちつく〜」

「早くお米、食べたいな」

いずれも教室とはまたひと味違う表情です。そんな子どもたちに出会えるのも、私の楽しみの一つでした。

実はこの田んぼ（野寺田んぼ）、校庭の一角を利用し、子どもたちと一緒に素掘りから行った手作り田んぼです。おまけに、教育委員会の計らいで水道も引いてもらいました。

この田んぼは、体験活動の一環としてはじめた取組ですが、野寺小のシンボリックな場所となりました。

子どもたちがやがて家庭をもち、子どもを授かったとき、かつて自分たちが取り組んだ稲作体験を語ることを通して親子がつながる、たとえ子どもがいなくとも友達と苦楽を共にした経験を携えて地域とつながる、そうした未来の懸け橋となる学校となることを私たちは目指していました。

ただそうは言っても、子どもたちが力を合わせさえすればできる取組ではありません。なかでも、素掘りについては専門知識と経験が必要です。そこで登場するのが、学校農業支援員の長谷川博正さんです。前述した取組の趣旨を率直に伝え、賛同を得られたことで実現できたのでした。

長谷川さんには、素掘りからはじまって、造成された田んぼでどのようにして田植えをすればよいか、夏の暑い日にどのようにして水を管理すればよいかについて指導してもらいました。ほかにも、稲刈りや脱穀、籾摺り、精米までなにからなにまでです（子どもたちの体験活動の様子は、地元のケーブルテレビで2回にわたって放送されました）。

ほかにも、体験活動にとどまらない副次的効果もありました。それは、登校することはできるものの、教室には入れない不登校の子どもたちへのケアです。Aさんもその一人です。田んぼに行くことはできたので、長谷川さんのお手伝いをしてもらいながら1日を過ごしていました。

ある日、長谷川さんから「Aさんの夢はユーチューバーになることだ」という話を聞きました。そこで私は、Aさんに声をかけ、田んぼや畑の様子の写真などを撮影してくれるようにお願いし、学校のホームページに掲載できるようにしました（編集作業などはパソコン指導員さんに手伝ってもらいました）。

当時、Aさんの保護者は、フリースクールに転校させたほうがよいのではないかと悩んでいました。そこで、ある面談の折に、「私たちの教育方針は『なりたい自分』になることです。野寺小は子どもたちの夢の実現を支援する場所です」と伝えました。すると、しばらくした後に担任から「引きつづき野寺小に通わせることにしたそうです」と報告を受けました。

私が野寺小を去った後も、田んぼ登校、校長室登校、保健室登校、学級への部分登校をつづけていたAさんのがんばっている様子を知り、胸をなで下ろしました。

野寺　たんぼ
野寺小学校の田んぼの様子です。
一年間の稲の成長をご覧ください。
野寺小HPより

さらに卒業式の後、長谷川さんから「Aさんが無事、笑顔で野寺小を卒業することができましたよ」と知らせを受けたときには、涙が出るほどうれしい気持ちになりました。

野寺小では、田んぼを通じた体験活動に注力しましたが、なにも田んぼでないといけないわけではありません。周囲の大人たちの力を借りながら自分たちでつくりあげる活動であることが大切なのです。そうした学習環境が、子どもたちに与える魅力は計り知れないものがあります。直接的には関係のないさまざま教育活動にも波及的によい影響を及ぼします。そこには、いつの日も異学年による子ども同士の自然なコミュニティが、日替わりで生まれていました。

長谷川さんをはじめとして地域の方のお力をお借りしながらですが、夏休みには子どもたちが輪

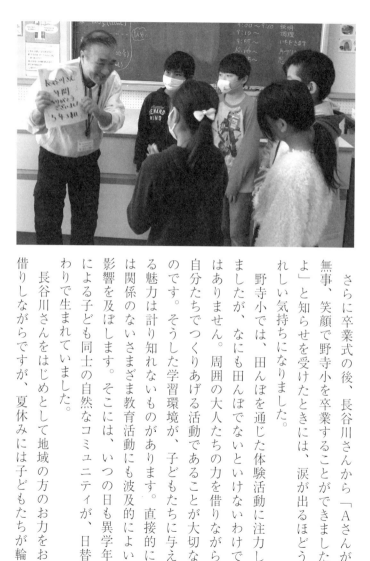

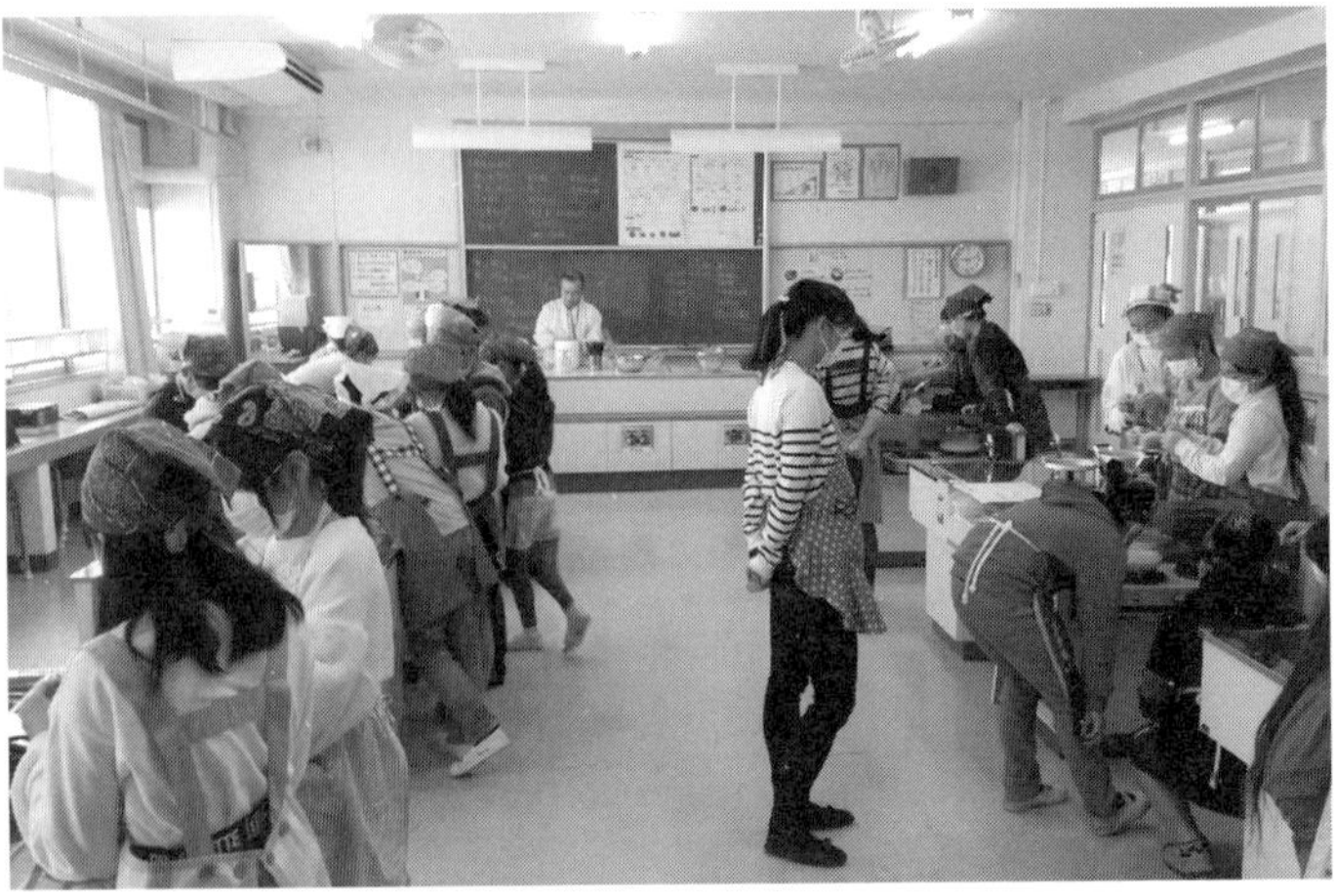

番制で田んぼを管理し、収穫の時期を迎えました。文字どおり豊作です。

収穫したお米は、家庭科の調理実習で子どもたちが米を炊きます。その後は、長谷川さんや地域の方を招いたお礼の会、子どもたちにとっても楽しみな学校行事となりました。

## 2 堆肥づくりを通してゴミ処理費用を削減する

翌年は、田んぼの隣の敷地に畑をつくりました。木の伐根からの造成です。市が購入した耕運機を使って土地を耕しました。もともと地域の方の農地でしたが、新座市が借り上げ、学校農園として整備したのです。

畑そのものは農作物を育てて生計を立てるためのものですが、私たちが担うのは学校教育の充実です。「自然が子どもに語りかける環境教育の場」と位置づけ、畑の一角に「腐葉土づくりの場」をつくることにしました。前年までゴミとして扱っていた落ち葉を集め、腐葉土として再利用できるようにするなどして、環境教育の充実を図ったのです。

ほかにも、こんな裏テーマもあります。

みなさんご存じだと思いますが、毎月かかるゴミ処理の費用はばかになりません。それに加えて、落ち葉のゴミ処理が拍車をかけていました。校長である私としては「なぜゴミが増えたのか」を毎月役所に報告しなければなりません。そのたびに、役所からは「なんとかゴミを減らせませんか」と打診を受けます。

腐葉土による堆肥づくりは、この問題を解決する切り札でもあったわけです。

### 3　土の中の様子を見える化する

畑の一側面に1m×2mの透明アクリル板を刺し、土の中が見えるようにしました。アリの巣、タンポポの長い根、土中のオケラを間近に見ることができた子どもたちは大喜びです。ほとんどの子がそのような様子を見たことなどなかったわけですから。これも環境教育充実の一環です。

## 4 自然の生き物の生態を観察できるようにする

畑の脇には野草のスカシタゴボウやイヌガラシ、菜の花などを植えました。モンシロチョウやスジグロシロチョウが卵を産みつける様子を観察できるようにする（キャベツ畑だけに卵を産みつけるわけではないことに気づけるようにする）ことが目的です。長谷川さんも、田んぼのあぜ道にセリやフキノトウを植えては、「これはね」と子どもたちに語りかけてくれました。

ある日、おしりを丸めてイヌガラシに卵を産みつけているモンシロチョウを見つけた子どもが、興奮しながら校長室にやってきて、身振り手振りでその様子を伝えてくれました。私も先生方や他の子どもたちにこのことを伝えました。

## 5 屋上まで伸びたヘチマ

学校経営方針の一つにしていた自然環境の充実は、田んぼや畑だけではありません。生活科や理科で使用する学年園の活用です。たとえば4年生理科で扱う「ヘチマ」を屋上まで伸ばす試みを、4年生の先生と一緒に行いました。

高さ12mある校舎の屋上までネットを張り、50cm間隔でスズランテープで印をつけます。ヘチマの伸びが視覚的にわかるようにするためです。

ヘチマは夜間に伸びます。30度を超えた晴れの日の翌日は、40～50㎝も伸びます。暑い日が続くと、子どもは下からヘチマを見上げ、「明日はきっと4階までヘチマが届くよ。だって明日も気温が30度を超える予報だから」と4年生担任に伝えたとのことでした。

登校してくると、ヘチマを見上げるのがすっかり子どもたちの日課になりました。教師があれこれ言わなくても、日々何気なく観察し、ヘチマの成長を楽しみにするようになりました。

7月になると、屋上まであと50㎝というところまでヘチマがきました。わざわざ教師が伝えなくても、子どもたちはみな知っています。なぜなら、日々の成長ぶりを観察しながら、「あと1週間で屋上に達するはずだ」などと子ども同士で予想のし合いっこをしていたくらいですから。

この野寺小の子どもとヘチマのかかわりの様子は、NHK for school「『学校放送』ふしきエンドレス」で視聴することができます

(https://www2.NHK.or.jp/school/movie/bangumi.cgi?das_id=D0005110405_00000)。

田んぼ、畑、学年園と環境構成の工夫がここまで子どもたちの笑顔を引き出し、友達とかかわりを通して成長していく姿を見て、環境教育の充実を学校経営の柱に据えたのは間違っていなかったことを確信しました。

これが学校自慢、野寺小ブランドの二つ目です。

## ハイ・ニコ・ピン

「ハイ・ニコ・ピン」という言葉をはじめて耳にしたのは、平成18年4月のことでした。新座市教育委員会で指導主事を務めていたころの話です。私は、年度はじめに管下の第三中学校が実践している朝の挨拶運動に参加していました。

校門に立つ船津三樹男校長(当時)は、生徒一人一人に「おはようございます」と声をかけていました。すると、ある生徒が大きな声・笑顔で「おはようございます」と返してきました。その挨拶のすばらしさを見て取った船津校長は「元気だね」と声をかけました。すると、その生徒はすかさず「ハイ・ニコ・ピンですから!」と答えたのです。

〝ハイ・ニコ・ピン? はて、いったいなんのおまじないなのだろう〟と不思議に思った私は、船津校長に尋ねてみました。

すると校長は「三中のキャッチコピーですよ」と言いました。「『ハイ』は『返事』、『ニコ』は『笑顔』、『ピン』は『背筋を伸ばすこと』です。全校朝会でいつも生徒に話しているんですよ」

「中学校で…ですか?」と私はつづけて質問しました。それに対する船津校長の問い返しが忘れられません。

「校長の願いや方針は、教員だけが理解できていても意味がありません。子どもにまで浸透してはじめて叶えられます。塚田先生、そうは思われませんか?」

私はそのとき「そうですね…」と答えたものの、顔が真っ赤になっていたと思います。

〝なんて浅はかな質問をしたのだろう〟と。

校長たるもの明確な経営ビジョンをもって学校経営に臨まなくてはなりません。自ら先頭に立って教員のやる気を引き出し、学校のグランドデザインのもとで実行に移さなければなりません。そのための方法の一つとして、学校のキャッチコピーを掲げることがあるでしょう。このとき問われるのは、だれに向けてのキャッチコピーかです。

その当時の私は、「教員の理解を得るにはどうすればよいか」などと教員にしか目を向けていませんでした。もっともらしい高邁な言葉を掲げれば、対外的にも見栄えがいいでしょう。

しかし、それでは足りなかった。子どもたちや保護者にまで届かなければ、それこそ絵に描いた餅になってしまうのです。船津校長とのやりとりのおかげで、自分の考えを変えなければならないことに気づくことができたのでした。

「ハイ・ニコ・ピン」

一度聞いたら忘れられない独特な響きのある言葉です。このとき、「来るべき日」に備え、校長になった暁には、私も「ハイ・ニコ・ピン」を学校のキャッチコピーにしようと決めました。

それから10年後の平成28年春、野寺小の校長に着任した私は、すべての教員と子どもたちに「ハイ・ニコ・ピンが、校長としての私の目指す子ども像です」と伝え、図解風にアレンジを加えた「ハイ・ニコ・ピン」を校長室前に掲示しました。

さて、この「ハイ・ニコ・ピン」。簡単なようでいて案外むずかしく、継続したトレーニングが必要なのです。「ハイ」一つにしても、しっかり返事するには、「ハ」と「イ」の間を短く発声しなければならないからです。そこで、毎朝の健康観察時の「ハイ」、授業中の「ハイ」、（学校だけでなく）家庭での「ハイ」の大切さを子どもたちに繰り返し伝えました。

「ハイ」は「拝」と書きます。この漢字には、「お辞儀をする」「神仏を拝む」「慎み受ける」などの意味があります。「ハイ」とはっきりと返事できる子は、「いいえ」もきっぱり言える子です。相手の話をきちんと聞いたうえで自分の意思を明確に表明できるからです。たかが返事、されど返事です。覇気を感じさせる「ハイ」は、人々の感動を誘うことさえあります。潔さや決意を感じさせることもあるでしょう。

卒業間近の6年生との校長室での児童版ランチ・ミーティングでは、次のように話しました。

卒業式は、みなさんが野寺小で受ける最後の授業です。そのときの返事が小学校生活最後の返事になります。卒業証書を授与される際、「ハイ」と堂々と元気よく返事するのか、もじもじと元気なく返事するのか。きみたちが野寺小で過ごしてきた、思い出の大きさが、その声の大きさとなって表れます。

そして、緊張するなかにも穏やかな「ニコ」っとした表情、「ピン」と背筋を伸ばした姿も大切です。どうか「ハイ・ニコ・ピン」に思いを込めて凛々しく卒業してください。

このような取組を通して「ハイ・ニコ・ピン」は、子どもたちをはじめとして教員にも少しずつ浸透していきます。

（第1章で紹介しましたが）特別活動主任からは「縦割り集会活動でハイ・ニコ・ビンゴ大会をやってみたい」、体育主任からは「ハイ・ニコ・ピンのロゴをデザインした学校ユニフォームをつくって運動会で着たい」、生徒指導主任からは「通知表の『生活・行動の記録』でハイ・ニコ・ピンを反映した項目を入れてはどうか」と提案されるに至ります。

いずれも、先生方の創意と工夫で実現することができた取組です。子どもからも「校長先生、ハイ・ニコ・ピン、できてます」と、声をかけられるようになりました。その姿は、10年前に訪問した第三中学校の生徒のようでした。

「ハイ・ニコ・ピン」を身につけた子どもたちはきっと、受験や就職活動、社会人として働く際にも、人々に気持ちのよい印象を与えるでしょう。それは、いい人間関係を形成する源泉です。

その後、このキャッチコピーは野寺小を越えて、さまざまな広がりを見せていきました。後任の校長の戸高正弘先生をはじめとして、小島孝之先生や岡野信幸先生（当時の教頭）なども、校長に就任後に受け継いでくれています。うれしい限りです。

これが学校自慢、野寺小ブランドの三つ目です。

＊

ときおり、〝第三中学校の船津三樹男校長からこの言葉を聞くことがなかったら、私はどんな学校のキャッチコピーを打ち出していたのだろう〟などと思うことがあります。きっと私の性格上、小難しい言葉を並べ立て、自己満足に浸ってしまったのではないかと思います。

船津先生に深謝せずにはおられません。

# 第7章 授業で学校を変える～楽しさは学ぶ力（知・好・楽）

## 学校経営の柱

管理職のリーダーシップの発揮のしどころはさまざまですが、いろいろ考えた末に「授業づくり」を第一に据えることにしました。教育長との面談では「私は自分を指導管理職だと位置づけ、授業づくりを学校経営の柱にします」と伝え、次の取組を実践すると説明していました。

箇条書きにまとめると、次のとおりです。

- 全教室訪問を毎日行い、気づいたことをその場で、または週案簿に記載する。
- 授業づくりを共に行う。とくに若手の相談は入念に行う。
- プレミアム休暇を取得している教室に入り、校長の授業を参観してもらう。
- 授業の達人（鏑木良夫先生：ＮＰＯ法人授業高度化支援センター代表）を招聘し、示範授業として全教員に参観してもらう。

●1人1回研究授業または公開授業を行い、全教員が年に1回は他者に授業を公開する。
●市内オープン型校内研修会（自校の日ごろの研究会を校長会を通じて参加を募る）。
●学校管理規則第22条を活用し、短期内地留学制度を実行する。
●教諭時代に書いた毎時間の理科の指導案10年分を基に授業づくりを支援する。
●NHK「わくわく授業」に出演した授業を視聴してもらい、授業づくりを支援する。
●授業づくりに関する本を紹介し、貸出をする（校長文庫）。
●全学級共書き（ともがき）を徹底する。
●校長だよりを発行し（隔週）、授業づくりの考え方や方法などを連載する。
●毎回の校内研修には、指導者として文部科学省の調査官を招聘する（最先端に触れる）。
●授業の最後には「深めの働き掛け（活用）」を取り入れる。
●外部人材を全学年で活用する。
●授業中の適切な声かけこそ、最大の評価とする（形成的評価の充実）。
●子どもにカンニングをすすめる（なにかわからないときは友達にノートを覗かせてもらい、教えてもらうこと。授業時間中にわからないままにしない）。

とにかく授業づくりにこだわった理由の一つには、（第3章で詳述しましたが）学力向上が野寺小の喫緊の課題であったことが挙げられますが、「わかる授業」の実現は、いじめや不登校といった問題行動を抑止する対応策ともなり、教員にとっても（精神性疾患などで休職することがない、逆に活き活きと働けるようにするといった）身分保障につながると考えたからです。

前頁に挙げた諸施策を講じているうちに、授業参観前になると、若手を中心に多くの教員が校長室に訪れ、相談をもちかけられるようになったのですが、私は一対一で対応することはしませんでした。相談事のある教員はお互いにスケジュールをすり合わせ、一緒に来るように促していたのです。

理由は次の二つ。

- 他の教科や他の学年の授業づくりに関する考え方を知る場とする。
- 自分以外の教員の相談事を聞くことで、「自分だけが悩んでいるわけではない」と思えたり（孤立感をもたずに済む）、自分の課題解決のヒントにしたりする場とする。

次に挙げる問いは、教科や学年を越えて先生方とよく話していた事柄です。

●子ども一人一人が問いをもてる授業にするにはどうすればいいか。
●子ども一人一人に出番があり、全員参加の授業にするにはどうすればいいか。
●子どもが変容する授業にするにはどうすればいいか。
●楽しい授業にするにはどうすればいいか。
●「共書き」のある授業にするにはどうすればいいか。

なかでも、全学級「共書き」の徹底は、授業にメリハリを生み出す土台となりました。実はこの方法、私が新任のころに鏑木良夫先生から指導してもらったものです。

**〈主な共書きの流れ〉**

①教員は板書内容（課題など）を読み上げ、子どもはしっかり聞く。
②教員は再び、文節ごとにゆっくりと声を出しながら板書し、子どもは聴写する（聞きながら書く）。
③教員が板書し終わったと同時に、子どもがみなノートに書き終えているようにする。

授業中、教員が板書したことをノートに書くよう指示した際、書き終えるのが遅れてしまう子どもは一定数います。このとき、子ども全員が書き終えたことを見届けることをせずに発問してしまうと、答えられるのは、（素早くノートに書き終えられるなど）教員のペースについていける子どもだけになってしまいます。これでは、落ちこぼしを教員自らがつくっているようなものです。

こうしたことから、教員の板書と子どものノート書きを同じ速度でできる「共書き」をどの学年でも取り入れたのです。

共書きの最中は集中して聴きながらノートに書くため、教室はシーンとなります。これも立派な生徒指導です。学校教育目標に「よく聴き、よく考える子」を掲げていましたから、その実現に資する日常的な実践ともなります。

なんといっても、教員の発問や指示が子ども全員の耳に入っていることになり、だれ一人置き去りにせずに済みます。これもまた「子ども一人一人の出番を保障する学校」の手立てです。

## 教員が目指すべきは、子ども目線のウェルビーイング

校長に着任して間もないころに教室訪問をしていたときのことです。理科の授業を行っていた4年生の教室に入り、廊下近くの子どものノートを覗き込もうとしたら、その

子はノートを手で隠しました。私は気になってその後も様子を見ていたのですが、授業の最後に実験結果をまとめる場面で、その子は自分の実験結果をすべて消しゴムで消してしまいました。その後、教員が示した「正解」の実験結果を書き込んだのです。

この瞬間、〝この光景は氷山の一角にすぎないはず。これでは子どもの出番を活かせない。なんとかして教員全員の授業を改善するよりほかにない〟と感じたのでした。

その日の放課後、授業者には次の話をしました。

残念ながら今日の授業はやってはいけない授業になってしまいました。それは、先生が授業の最後で、教科書どおりの実験結果を書いた子どもを「成功」として取り上げ、「正しい実験結果（正解）は教科書に書いてあることです」と述べたことです。

その結果、教科書とは違うことを書いた子どもは、自分の書いた実験結果の記録をすべて消しゴムで消してしまいました。これは、自分の実験結果を「失敗」だと見なしたからにほかなりません。この子にとってこの授業は、自分の書いた「不正解」を消し、「正解」に書き替えるだけの授業になってしまいました。同じように感じたのは、この子だけではないでしょう。

子どもの学力が向上する授業にするには、一人一人が自分の「問い」をもち、「出番」

があり、「楽しく」学べるようにする必要があります。そのためには、授業に対する先生方の授業観を変えなければなりません。その一つに挙げたいのが、「実験には『成功』も『失敗』もない」ことを大前提にすることです。

子どもたちが「失敗」だと感じた実験結果の記録は、「予想とは関係がないことを証明するもの（反証）」であり、その点で「成功」（「誤り」と「正解」は等価値）なのです。

今日の授業に置き換えると、乾電池を2つにしても速く走らないモーターカーもあれば、逆向きに走るモーターカーもありました。前者は、子どもたちが予想した「乾電池を2つにしたら、モーターカーは速く走るのではないか」といった予想への反証事例となります。

先生が今日「直列つなぎを指導したい」という思いをもって授業に臨んだことはよくわかります。ですからさらに踏み込んで、予想と異なる実験結果をあえて取り上げ、子どもたちが学び合えるようにしていたら、「直列つなぎとはどういうことなのか」への理解が、どの子にとってもより深まっていたのではないでしょうか。

予想どおりの結果が得られた子どもは「いい」、予想とは違った結果になってしまった子どもは「悪い」といった、学習に優劣を感じさせる授業ではなく、自他共に認め合い、協調的で幸福感のある授業にしていきませんか。

私は理科を専門教科に選び、ずいぶん長いこと仲間と共に研究してきました。そのうちに、自分の指導に対して疑問を抱くようになりました。それは、「一つの答えを導き出す解決方法に偏りすぎていたのではないか」ということです。そうであっては、多様な解決方法を尊重することができません。

そこで、改めて学習指導要領の趣旨に立ち返り、子どもなりに判断・選択できる余地のある授業をつくることが大切なのではないかと考えるようになったのです。

そもそも、子どもは教員の掲げる目標を達成するために生きているわけではありません。いまも、この先も、幸福で心豊かに生きることこそが第一であり、どの教科等においても、授業が「子どもが豊かに歩んでいける人生づくりを助ける営み」となっていなければ意味がありません。

そうであれば、授業をはじめとして、**子どもたちの学校生活において教員が目指すべきは、子どもたちのウェルビーイングである**と私は考えます。その実現のための学校教育目標であり、学級目標であり、各教科等の目標であり、学力向上であると私は思うのです。

**資料1**

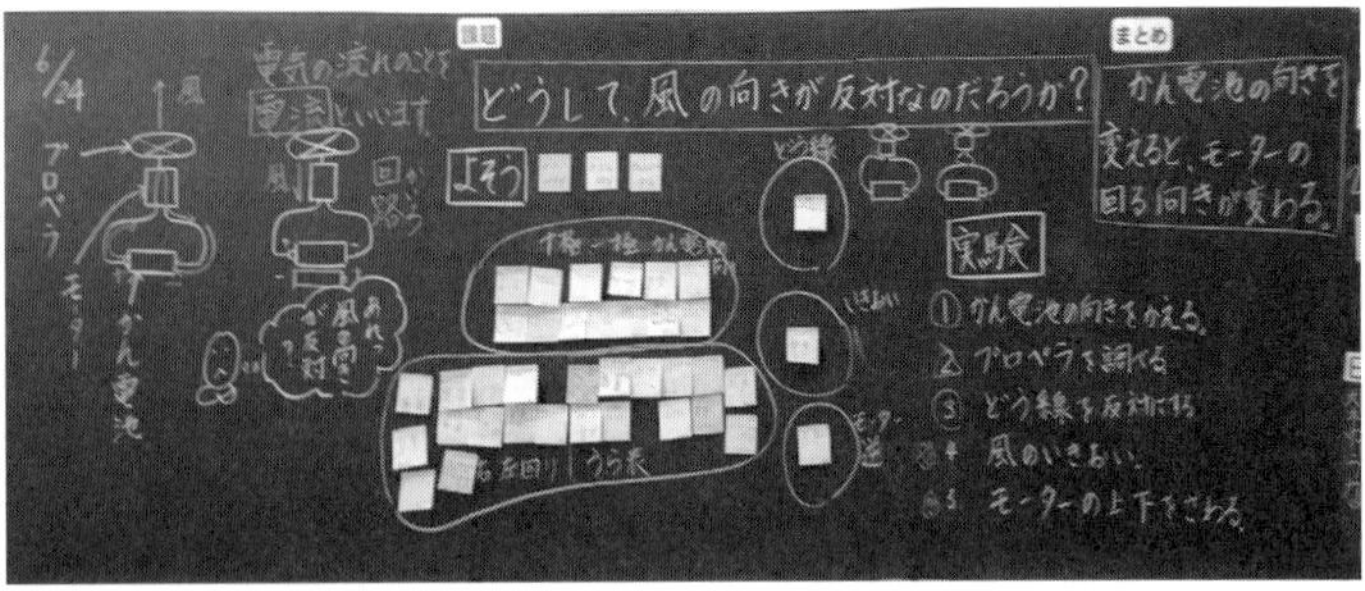


# 知・好・楽

あるとき、4年生を受けもつ教員に、私の授業（理科）を観てもらったときのことです（音楽専科の先生も参観）。

授業の冒頭、子どもたちに3色の付箋紙を配り、赤色が「ぜったい」、青色が「たぶん」、黄色が「ひょっとしたら」という位置づけであることを伝えます。子どもたちは、自分が考えた予想に対する自信度（付箋紙）を選び（自己選択し）、観察や実験を通してつかんだ手応えに応じて、付箋紙を選び直します。これは、（主体的に学習に取り組む態度において重視されている）自己調整力の育成をねらったものです。

子どもたちはみな、楽しそうに付箋紙の色を選んだり、選び直したりしていました。**資料1**は、そのときの板書です。

また、土曜日参観の日、6年の先生方（3クラス）は「線対称」を扱った算数の授業を行うことを予定していました。そこで私は、「楽しい授業をつくり出す」ためには、アクティブ・ラーニングが大切であることを授業者に伝えるため、「アクティブ・ラーニングでない授業」と、「アクティブ・ラーニングを創り出す授業」を対比させながらアドバイスしました（その考え方をまとめたのが次頁の**資料2**）。

先生方は、この「校長だより」をヒントにして、新聞紙の文字や絵、図などから線対称を探し出す活動を思いつき、授業を行います。すると先生方からは「子どもたちが夢中になって活動に取り組んでいた」、保護者からは「安心して子どもを任せられます」（アンケート結果）という声があがりました。

その後の2年間で、野寺小の子どもたちの学力は飛躍的に伸びました。野寺小の「学校だより」（「全員の子どもを伸ばした教員の実践記録を掲載）が、埼玉県教育委員会南部教育事務所の会議で取り上げられるまでになったのです。

これはひとえに、教員一人一人が研鑽を積み、自らの授業力を引き上げたことの証左であり、「授業で学校を変えられる」ことを実証できたように思います（「埼玉県学力・学習状況調査」では、IRT〈項目反応理論〉を取り入れ、小学校4年生の子どもたちが中学校3年生を卒業するまでの間に一人一人の学力がどのように推移したのか、経年変化を測定・分析）。

**資料2　「校長だより」4月17日、授業参観前発行**

野寺小学校だより　平成29年4月17日

# 進　取　NO. 2

第1ステージ4～5月　学習・生活のルール作り
《ハイ・ニコ・ピン　野寺っ子の合言葉》

激動の1週間でした。体調はいかがですか。1時間でも早く帰ることができる日は、遠慮せず、年休をとってください。家族にとって皆さまの代わりはおりません。学年主任の先生方、学年の先生方に声を掛け、カバーしながらお互い様の気持ちで、皆が月1回1時間でも年休をとれるよう、配慮をお願いします。プレミアムフライデー、記念日休暇の用紙を4月末までにご提出いただき、仕事の合間に休暇をとることを普通にしましょう。私もカバーのメンバーにぜひ入れてください。

そうはいいながらも、金曜日の夜7時過ぎから、急遽、PTA総会資料、帳合いのお手伝いをいただいた先生方ありがとうございました。PTA役員4人だけの作業では、きっと夜9時を過ぎたことでしょう。先生方のお心遣いに感謝いたします。時間調整を1時間、必ずお願いします。

さて、今週の土曜日参観に向けて、準備等大変かと思いますが、全員参加の授業に心がけ、静と動を織り交ぜたメリハリのある楽しい授業をお願いします。昨年度、この土曜参観アンケートには、お褒めの言葉を多く頂戴しましたが、中には「このような授業で子供の学力は大丈夫か」「板書の文字が子供に見えないのではないか」「授業を見ていて主人が頭にきたので帰りました」…など、厳しいご意見がありました(教頭先生の後ろにアンケートあります。)保護者が見ているのは、我が子です。子供一人一人の出番を保証し、意欲的に活動している様子をぜひ、保護者に見せてあげてください。授業参観等、授業の相談はいつでも受け付けます。

**【2】主体的・対話的で深い学び（AL）を実現するには、一人一人の出番があり参加すること。**

今、6年生の算数で「線対称」の授業を行っています。以下、ALの授業とそうでない授業の例を紹介しましょう。工夫次第で全員が参加し、一人一人に説明活動を行わせることで、わかったつもりを捉え直し、確かな理解へと変容させる深い学びとなります。

| アクティブ・ラーニングでない授業 | アクティブ・ラーニングを創り出す授業 |
|---|---|
| T：どの図形が線対称の形をしているかしらべよう。（前時線対称既習）<br>C：（児童各自、教師が用意した図形やNなどの文字を線対称かどうか自力解決で調べる）<br>T：どれが線対称でしたか。<br>C：二等辺三角形です。<br>T：なぜ、線対称なのですか。<br>C：半分に折ると重なるからです。<br>T：他の図形はどうですか…。他には…。 | T：漢字の田んぼの「田」は線対称です。<br>なぜ、線対称なのですか。（前時線対称既習）<br>C：半分に折ると重なるからです。*全員で確認<br>T：では、**国語辞書を使って線対称の漢字をグループ対抗で数多く見つけてみましょう。**1つ見つけたら1点です。田の漢字のように「対象の軸」が2つあれば2点です。<br>T：制限時間は○分。開始。見つけた漢字が**どうして線対称かグループメンバーに説明**して下さい。 |

～ちょっといい話！～

①5年3組の鶴岡真衣さん、木賊愛美さんは、私が掃除をしているとき、「校長先生、お手伝いしましょうか」と声を掛けてくれ、掃除を手伝ってくれました。

②1年2組の井戸彩乃さん、3組の梅津華希さんは、用務員の飯岡さんの花植え作業を手伝っていました。

〈野寺小自然のたより〉野寺小の校章：タンポポ

セイヨウタンポポ

ニホンタンポポ

セイヨウタンポポは花びらの下の部分（総包）が反り返っています。ニホンタンポポは反り返っていません。子供に投げかけて春探しをしてみては。

【サケの放流に行ってきました】

荒川

成長したサケ

「知・好・楽」という言葉があります。「論語」に登場する孔子の教えです。

**ただ知っているだけの人は、好きで挑戦している人には適わない。**
**ただ好きなだけの人は、楽しんでやっている人には適わない。**

「楽しさ」は「学ぶ力」です。目の前の子どもがどのような子どもであれ、保護者がどうであれ、地域性がどうであれ、学校が抱える課題がなんであれ、「授業は、子どもにとって楽しいものでなければならない」と私は考えています。

第8章 教員がつくる校内研究組織

## 生まれ変わった研究3部会

国や都道府県から委嘱研究を受ける目的は、校長がどのような経営ビジョンをもっているかによると思いますが、私は次のように考えます。

委嘱研究をきっかけとして、研修を行う目的が明確になり、目的を遂行するための具体的な目標が生まれ、校内研修に緊張感が生じ、研究の活性化が図られ、授業スキルやモラルが高まる。

緊張感ある研修は自己啓発に結びつきます。前章で触れた「授業へのこだわりのある学校経営」は教員の身分を守ることにつなげることが目的の一つだと言いましたが、これに対して委嘱研究発表会は、保護者・地域などから信頼される教員の姿を、全国に発信する場とすることを目的に据えました。

実を言うと、私が校長着任時には、委嘱期間（3年間）のうちの1年目が終わっており、2年目からの研究でした。研究教科は算数。私の専門は理科教育ですが、違和感を覚えることはありません。研究教科等がなんであろうとも、校長着任前にはすでに「自分が校長の立場で委嘱研究を受けたらどうするか」を考え、方策をまとめておいたからです。

着任早々の4月、私は先生方に次の話をしました。

小学校教員は、授業のプロとして力量を発揮することが責務だと考えています。したがって、どの教科等においても、子どもの個性に応じた「わかる授業」を目指してほしいと思います。

また、学習指導も生徒指導も共に充実しようではなく、学習指導のほうに注力してください。なぜなら、「わかる授業」の実現は、いじめ・不登校等の問題を抑止する対応策となり得るからです。

本校は昨年度より市、今年度より国の委嘱研究指定を受けています。研究教科は算数ですが、算数だけに力を入れる委嘱研究にはしたくありません。加えて、2年後には委嘱研究発表会がありますが、打ち上げ花火にもしたくありません。

研究会当日は全国からたくさんの方が来校されますから、「いつもよりも特別な授業にしなければ」といった気持ちになることもあるでしょう。しかし、私は「普段どおりの授業を公開してほしい」と思います。これが、校長としての私の願いです。

また、研究発表会のための校内展示物をつくることはしません。展示物は普段使用している子どものノートのみとします。発表会前日も普段どおり定時で退勤することを目指します。

先生方の授業力量向上のため、ひいては子どもたちの笑顔のため、本日からの2年間、昨年の研究成果を踏まえつつ、どの教科等でも「わかる授業」の実現に向けて共に取り組んでいきましょう。


私が右の話をして間もなくして研究主任が校長室を訪れ、研究成果物や校内研究計画書を手に、次の事柄についてブリーフィングしてくれました。

- 昨年度になにを研究したのか。
- 研究を進めていくうえで障害となりそうなことはなにか。
- 今年度はどのような計画となっているか。

その様子を見ていて、〝ずいぶんとやる気に満ちた教員だな〟と直感しました（後に、筑波附属小に研修出張することになる教員の一人です）。

ひととおり説明を聞いた後、私は次の質問をしました。

「本校には、授業研究部、調査研究部、環境部といった部会があると聞きましたが、なぜこの3つなのですか？」

「えっ」驚いた表情で、一瞬言葉に詰まります。「これまでもそうしてきたからですが…」

歯切れの悪い返事です。その瞬間、〝やはりそうか〟と私は思いました。

（第1章でも指摘したことですが）「なぜ、それがあるのか」と存在理由を問う質問に対して、相手が明確に答えられないときは、いずれの部会も前例踏襲に頼るばかりの他律的な運営になってしまっている可能性を示唆します。すなわち、子どもの学力を向上させるために、部会をどう有機的に機能させるかといったビジョンのもち合わせがなく、3つの部会ありきで研究が進んでいたということです。

困り顔の研究主任を横目に、私はつづけて尋ねました。

「では、環境部はなにをするんですか？」

「研究の成果をまとめ、パネル展示などを行います」

この回答に対して、私は次のように畳みかけました。「なるほど。では、パネル展示は、子どもの学力向上にどのように寄与しますか?」

研究主任は答えられず、うつむいてしまったので、私は次のようにアドバイスしました。

「校外の人たちのための展示はやめましょう。それよりも校内の先生方のためになることを考えたいものです。そこで、先生方が日々の授業で子どもに提示した資料を(個人で使用するのではなく)共有の財産として蓄積し、ラミネート加工して展示してみてはどうですか」

このアドバイスは、私の急な思いつきではありません。あらかじめ考えておいたことで、ちょうどよいタイミングだったので口にしたのでした。その考えの背景には、次の2つがあります。

●着任早々の春休みに学校施設を巡視していると、異動された先生方が作成した掲示物や資料が廃品倉庫やゴミ置き場に廃棄されていたこと(「実にもったいない」と思いました)。

●私が教諭時代に所属していた「環境部」の部長さんが、「今日はどんなことをしますかね?」と言っては、無理くり仕事をつくっていたこと(当時、〝そんなの、意味のないやらされ仕事じゃないか。明日の授業準備に時間を使ったほうがずっといいのに〟と苦々しく思っていました)。

研究主任には、つづけて次のように話をしました。

「慣れ親しんできた部会であっても、その存在理由を説明できないのであれば、『先生方にとって本当に必要なのか』と意義を問い直すのがよいでしょう。そのうえで、子どもの学力向上や自律性を養うのに貢献しうると判断されるものは残せばいいし、外面をよくするだけのものや、先生方を理不尽に疲弊させるものであれば、なくすなり見直すなりしたほうがよいと思います。先生方と意見を交わしてみてください」（人手不足も手伝って教員は確かに多忙ですが、必要感の乏しい組織を放置していれば余計な仕事を無駄に増やすだけです）。

少し時間はかかりましたが、研究主任が中心となって動いてくれたおかげで、野寺小の研究組織は、次の3部会に生まれ変わることができました。「野寺っ子花丸ノート部」「テスト作成部」「アンケート部」の3部会です。

いずれも先生方が合意形成を図りながら新たに立ち上げることにしたもので、研究主任の説明によると「子どもの学力向上や自律性の育成のために、どのような貢献ができるか」が明確であったため、私は「わかりました。では、その3部会で研究を進めてください」と伝えました。

若干話が逸れますが、研究主任から別件で「（研究仮説として掲げている）『わかる子どもの学習過程』とはどのようなものかを考えてみたいのですが…」との相談を受けたので、参考文献として『わかり方の根源』（佐伯胖著、小学館、１９８４年）を貸し出しました。

私は校長文庫（授業づくり文庫）を設置していたので、そのなかからのチョイスです。その後も、何冊も借りていきました。その意気込みと前向きで真摯な姿勢を目の当たりにして、〝この若い研究主任を管理職候補として育てよう〟と私は心密かに決めたのでした。

話を戻しましょう。各部会の紹介です。

## 1　野寺っ子花丸ノート部

全学年のノート評価を統一し、子どもの学習状況をブレなく評価できるようにすることを目的とした部会です。

この部会が設置される以前は、（子どもたちがノートに書いたことのどの箇所にアンダーラインを引くのか、どのような場合に花丸をつけるのかといった）ノート指導の仕方が担任の先生に任せっきりとなっていました。それがためにノートを評価する視点がまちまちになっていたのです。こうした問題意識から生まれました。

野寺っ子花丸ノート部では、「ノートの記述を分析することを通して、子どもの姿をどう見取るか（どの子も授業のゴールにたどり着けているか）」を研究テーマに掲げました。

そこでまず、部に所属する先生方は子どもの算数ノートをもち寄り、これまで感覚的にアンダーラインを引いていた箇所はどこか、どのようなときに花丸をつけていたのかについて話し合いました。そして、そこで見いだされた課題を精査して次の5つの基準を掲げ、すべての教員で共通理解を図りました。

①学習の流れがわかる。
→「感じ、考え、実感する」学習過程（野寺小スタンダードの一つ）に沿って記述されている。
②言葉や絵、図を使って考えている。
→数直線などの図を基に考えている。
③国語の力を使ってまとめている。
→「まず」「次に」「最後に」などといった言葉を使いながら、「事実」「方法」「理由」など、論理的思考力を発揮した記述が見られる。
④習ったことを使って考えている。
→既習内容と関連づけて考えている。
⑤新たな疑問を見つけている。
→ノートのまとめに「わかったこと」と「まだわからないこと」の記述がある（メタ認知を発揮している）。

資料1

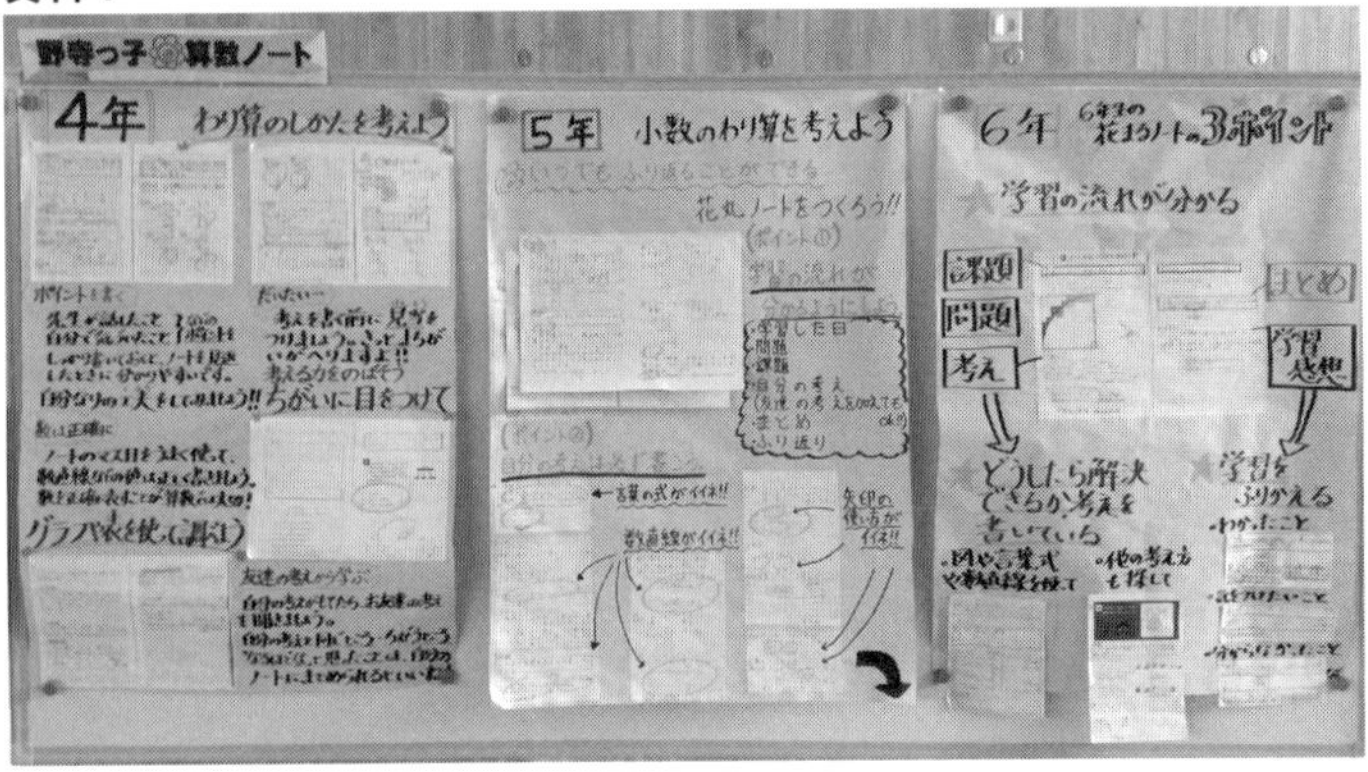


これらの基準を満たしたノートを拡大コピーし、「野寺っ子花丸算数ノート」と称して児童昇降口や各学年の廊下に掲示しました（資料1、2）。この取組の効果は次の2つ。

●どの教員も「よいノート基準」を意識しながら一貫性のある指導ができるようになった。

●「どのようにノートに書けば評価されるか」といったモデルとなり、自分たちも「よいノート基準」を満たそうと、掲示されたノートの記述の仕方を真似する子どもがたくさん現れた。

右の効果は教室訪問で明らかになったことです。間接的ではありますが、授業の質の向上を予見させるに十分なものでした。野寺っ子花丸ノート部の2年間に及ぶ継続的な取組が、教員の授業力向上に貢献してく

資料2

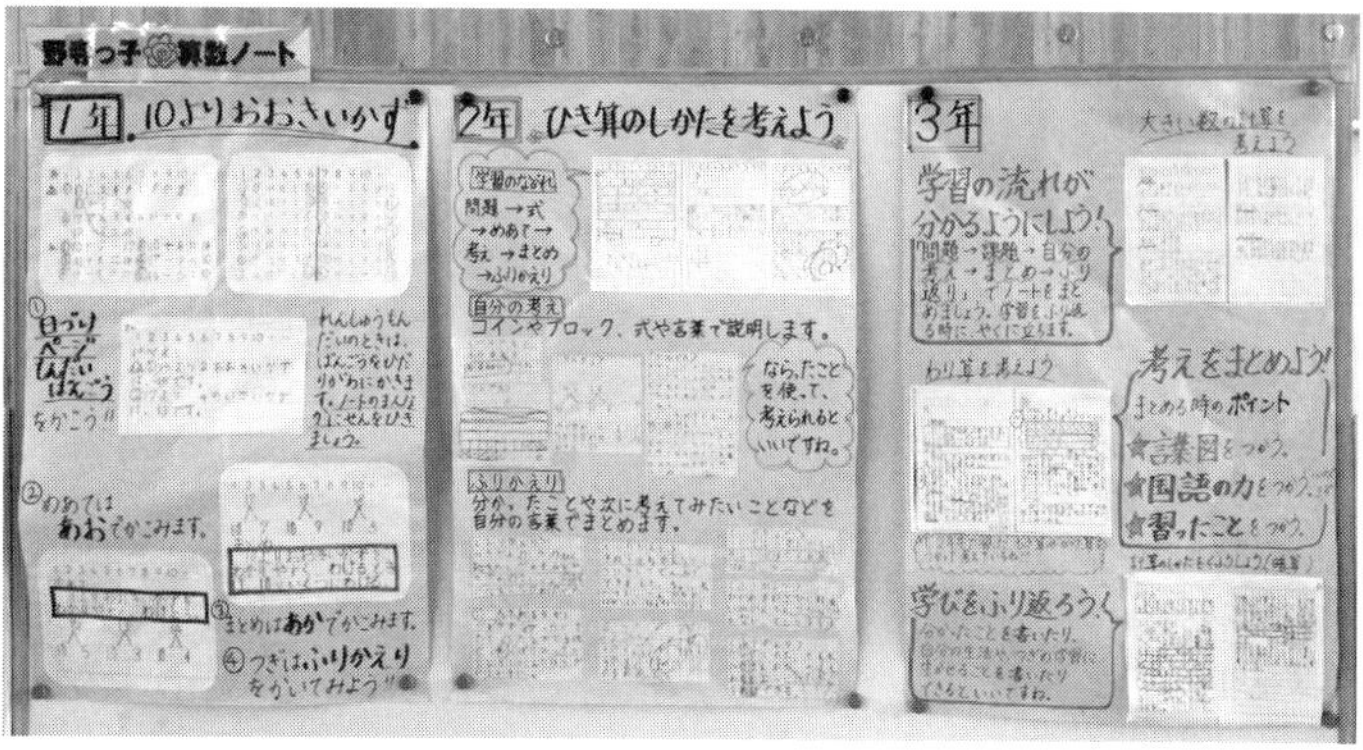


れたのは間違いありません。

それともう一つ、こんな副次的な効果もありました。それは、来校された保護者からかけられた次の言葉です。

「家庭でわが子の宿題を見てやるときなど、〝なるほど、こんなふうにアドバイスすればよいのか〟ということがわかりました。おもしろそうなので、今度、わが家でも試してみます」

## 2 テスト作成部

テスト作成部では、年に1回、国語と算数のテスト問題全学年分を自作して実施します（それ以外の教科は市販のテスト用紙を使用）。子どもが学習のどこでどうつまずいているのかを洗い出し、学力の伸び具合を分析する部会です。各学年で身につけるべきことを身につけさせたうえで進級させたいという願いから生まれました。

テストの実施時期は年度末の1月。テスト実施後は、担任が一人一人の誤答箇所について個別に指導し、3月に再テストを行います。

この部会でもう一つ挙げておきたいのは、ある企業からすべての子ども分のタブレットをお借りして、たんぽぽ学級（特別支援学級）2クラスに配布し、個別の指導計画、個別の教育支援計画に沿ってICTを活用した学習を進めていたことです。GIGAスクール構想実施前のことでした。

タブレットは、当時から家庭に持ち帰りもさせていましたし、子どもの学力の伸びを見取るために、「多様な子供たちを誰一人取り残すことのない公正に個別最適化された学び」（文部科学大臣メッセージ）を先取りしていたわけです。

## 3 アンケート部

授業改善に資する情報を得るためアンケートを実施し、算数に対する子どもの意識を調査することを目的とした部会です。子どもはどのようなときに「わかる、できる」喜びを感じているのか、どのような場面で自分たちが学んだ知識・技能を「使える」と感じているのかを明らかにし、授業をリ・デザインできるようにすることを研究の主眼に置いていました（その研究成果は紀要にも盛り込みました）。

このように、野寺小の研究組織3部会はいずれも、先生方の問題意識から生まれたものであるという点で例を見ないでしょう。印象的なのは、どの部会の会合にお邪魔しても、「校長先生、次はどんなことを考えればよいでしょうか」などと聞かれることがないことです。いつもお客さん扱いです。

ときには、「校長先生、何か一言」などと促されることもありますが、気を利かせて言ってくれたのは明白でした。だから私は「とくになにもありませんよ。みなさんががんばっている様子でなによりです」と笑顔で返事をしていたくらいです。

## 2年間にわたる成果

さて、研究委嘱発表日（2月）には、たくさんのお客さんが来校されることから、前日は玄関の掃除をし、「子どものノート」（展示物）を配膳台に並べました。研究授業を行ってもらう先生方には、「笑顔で子どもと楽しんで授業をしてください」と声をかけましたが、それくらいで、先生方はみな定時退勤です。2年前に着任挨拶したときの宣言どおりです。

資料3

いよいよ委嘱研究発表を行う日がやって来ました。その日はとても寒い日でした。体育館で全体発表を行うので、朝から大型ストーブに火を入れ、113名ものお客さんを迎え、無事終了することができました。

ここで言う「無事」とは、「問題らしいことは起きなかった」という意味の「平穏無事」でもなければ「無難」でもありません。無事、研究テーマの具体を提案できたこと、どの学級でも子どもたちが「わかる」喜びを味わえる授業を行えたこと、表現力豊かないつもどおりの野寺っ子の姿を見てもらうことができたこと、来校いただいた多くの方々が快い気持ちを抱いてもらえたこと、そしてなにより、研究会終了後には教職員全員、誘導・受付・湯茶接待など縁の下で支えてくれたPTAの方から笑顔がこぼれたことです。

以下に紹介するのは、研究会アンケートの一部です。

「熱い心のある先生って素敵だなと思いました。子どもたちが意欲的に取り組んでいる姿が印象的でした。『割合の鍵はかけ算』というキーワードにまとめていったH先生の指導もすばらしいと思いました」

（御殿場小学校・S先生）

「T先生と子どもたちの信頼に満ちたやりとり、手づくりのバス停、ノート型ホワイトボードや適用問題など、子どもたちの意欲を高め、主体的に解きたくなる問題でした」

（栄小学校・O先生）

「W先生のICT活用が印象的でした。デジタル・フラッシュカードで子どもを引きつけつつ、『でこぼこした形の面積をどのように求めるか』という課題を子ども自身が考えていました。S先生の適用問題（先問）も工夫が多く見られました」

（第三中学校・N先生）

「足用のカイロやお茶など、温かなお心遣いに感謝します。PTAの方々の丁寧なご対応が印象的でした。コミュニティー・スクールの野寺小のチームワークを感じました」

（新開小学校・T先生）

「指示された物を買うだけでなく、手持ちのお金のなかからほしい物を買うという、F先生の問題は、特支の子どもの意欲を高めていました」

（十文字学園女子大学・Kさん）

「新しい番組づくりのヒントを多く得ることができました」（ＮＨＫ番組製作局・後藤大介さん）

「私どもがお貸ししたタブレットを、ここまで有効活用されているとは思いもよりませんでした。ありがとうございます」（Ａ社・前田 浩さん）

校内での反省会の席では「野寺小学校で勉強できたよかったです。研究授業、楽しかったです。ありがとうございました」といった声が、若い先生からあがりました。その瞬間、（平静を装い切るつもりでしたが）緊張の糸が切れ、不意に涙がこぼれてきました。

＊

この２年間で、野寺小の先生方の授業力は本当に向上しました。埼玉県が選ぶ「学力を伸ばした先生（スーパーティーチャー）」に、野寺小の先生が２名、候補として選出されたこともあります。これもひとえに、教員一人一人が自分のミッションを自覚し、その責任を果たすことに意欲を燃やし、授業改善に取り組んでくれたからにほかなりません。

改めて「教員一人一人の授業力向上策に実行性をもたせるにはどうすればよいか」という観点から考えたとき、管理職がなすべきことは、次に集約されるように思います。

**学校が目指すべき地平を指さし、教員のやる気を奪う因子を見つけ、取り除き、どの教員も**

誇りを胸に抱いて仕事に打ち込める環境をつくりあげる。そのために覚悟を決め、管理職になるまでの間に蓄えた「構想（vision）」「知見（know-how）」「人脈（connection）」を総動員して全力を尽くす。

これ以外にないと私は思います。

# 第9章 データ分析に基づく学校の危機管理

## 交通事故の危機管理

さて、ここで再び校長着任時まで時間を巻き戻します。

4月1日の夕方のことです。保護者から「子どもが交通事故に遭った」と連絡が入ります。幸い軽症で済んだものの、その後も立てつづけで別の交通事故が発生します。一番肝を冷やしたのは、車の下に自転車ごと入り込み、数十メートルも引きずられてしまったときでした。私は慌てて現場に急行しましたが、冷や汗が止まらず、心臓が激しく鼓動する音が聞こえるほどでした。

しかし、事故に遭った子は肘を擦りむいた程度で済みました。車体と自転車に隙間が生じ、背負っていたリュックサックが頭をカバーしてくれたのです。まさに奇跡的でした。

こうした交通事故の原因はいずれも子どもの飛び出しでしたが、単に子どもの不注意だけで片づけるには事故件数が多すぎました。野寺小は東京に隣接する学区にあり、青梅街道に抜ける新しい道が開通したこともあって、交通量は市内でも一番多かったのです。調べると、野寺小の交通事故発生率は市内でワーストワンでした。

加えて、校内でも廊下を走ってぶつかる怪我なども絶えませんでした。実を言うと、校長として着任してまず手をつけなければならなかったのは、授業改善よりも先に、「子どもが自分の命を守れるようにすること」だったのです。

資料1　ポスターの一部

そこで、安全主任に臨時の部会を開いてもらい、各学級で子どもたちの安全意識を高める指導を徹底するようお願いしました。私自身も自ら交通安全ポスターをつくり、各教室、廊下、昇降口など、目につくところすべてに掲示しました。

また、毎日の帰りの会には、ポスター（資料1）を見ながら「右を見て、左を見て、もう一度右を見て」と唱える、交差点では必ずいったん足を止めるよう担任から指導してもらいました。

さらに、一斉下校の際の通学班の班長（6年生）には、事前に通学路の危険個所を調べてもらい、同じ班の子どもたちに「ここが危ないから気をつけて」などと説明しながら下校してもらいました。

ここまでは、多くの学校でも行われていることだと思います。一般的には十分な対応ですが、交通事故発生率がきわめて高い野寺小です。これらだけでは不十分だと感じた私は、次の取組を行いました。

**資料2　標識やカーブミラー**

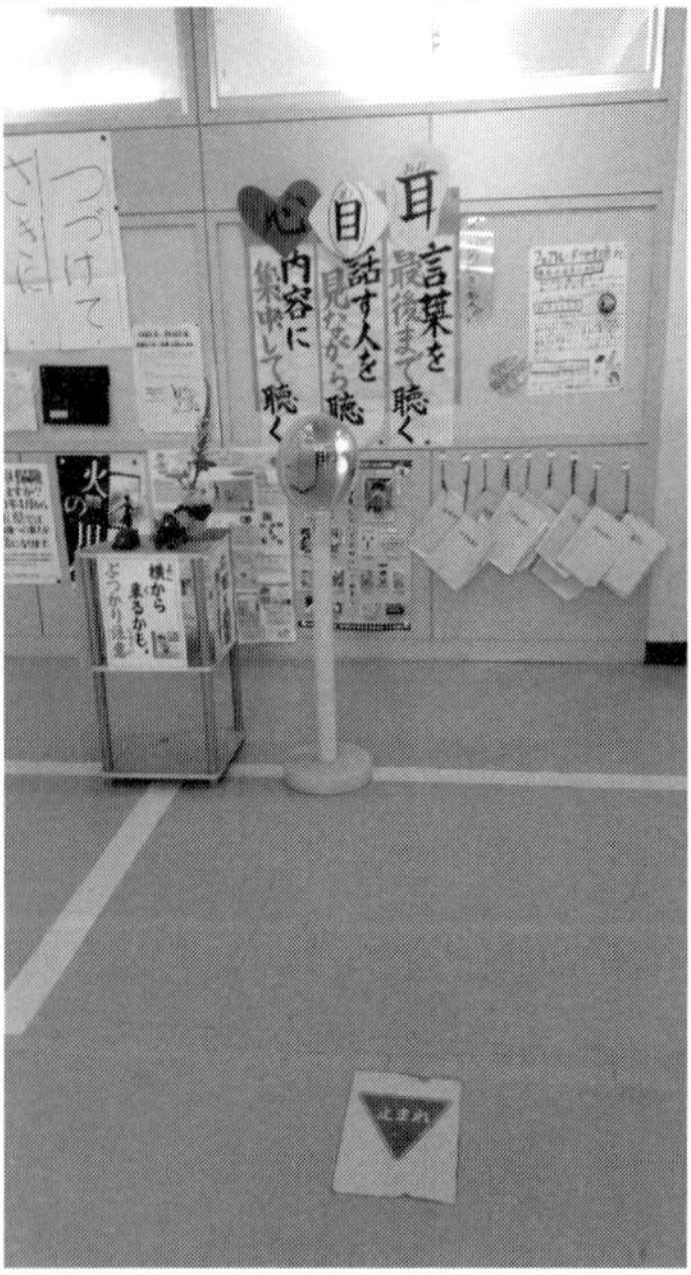


●学校の廊下を模擬道路に設定した。

●廊下の角には「止まれ」の交通標識と「一時停止ライン」をペイントするとともに、カーブミラーを設置した（資料2）。

●そのうえで、「廊下を走ってはいけない」、「止まれ」や「一時停止ライン」の標識に従う、角を曲がるときは必ずカーブミラーを確認することを徹底指導した。

このようにして交通安全への機運を全校で高め、交通指導員さん、地域の方の協力も得ながら取り組んだことで、2年目は1件も交通事故が起きずに済みました（「交差点の飛び出し注意」は2年間唱えつづけたことの一つです）。

## 組体操の危機管理

それともう一つ、事故にかかわる取組です。

これも校長1年目のときのことです。5月に運動会の練習を開始してわずか1か月の間に、7件の事故が発生してしまったのです。一番の大きな事故は、組体操の練習時です。崩れた瞬間、地面に手をつくことはできたのですが、顔面をぶつけて前歯を打ち、口から出血してしまった事故です。

野寺小では（管理職の判断を待つまでもなく）「頭から上の事故は必ず救急搬送」を徹底していた甲斐もあって、担任が躊躇なく救急要請をしてくれました。病院には養護教諭につき添ってもらい病院で治療を受けている間、保護者に連絡を入れました。幸い大事には至らなかったものの、無事との連絡が受けるまでは冷や汗が止まりませんでした。元気な笑顔で帰宅させるまでが、私たち教員の仕事です。学校の管理下（独立行政法人日本スポーツ振興センター法施行令第5条第2項）の事故であれば、なおのこと校長の責任は重い。そこで私は〝なんとしても原因を究明しなくては…〟と考え、行動に移すことにしました。

調査当初、7件の事故はすべて「ピラミッド」や「三段タワー」といった大技を練習している際に起きたものだと思い込んでいました。ところが、事故発生時の状況を聞き取り調査してみると、想像していたのとはまったく違っていました。どの事故も「サボテン」（2人組の組体操）の練習中で、クラスメイトの膝に乗ってバランスをとっていた子どもだったのです。

細かい事故の内訳は、「地面に前歯を打った」「おでこを擦りむいた」「地面に手をついたときに捻挫した」というものでした。このとき直感したのが、〝ポーズをとった後、安全に降りるための指導が不適切だったのではないか〟というものです。

そこで、さらに詳しく確認したところ、「降りるときは、太鼓の合図で下段の子どもが手を放し、上段の子どもを抱きかかえるように降ろしている」とのことだったので、実際に練習の様子を見ることにしました。

すると、太鼓の合図で手を放すタイミングをとることがむずかしい組は、上段の子どもは降りようとしているのに膝を抱えられたままとなり（前のめりになり）、おっとっとという感じで、無事に着地できてもきわめて不安定な様子でした。〝これでは事故を防ぐことはできない〟と判断し、次の降り方指導を徹底するようお願いしました。

●下段の子どもは上段の子どもの腿を抱えること（膝より下をもってはいけない）。
●太鼓の音については、下段の子どもが手を離す合図とするのではなく、上段の子どもが軽くジャンプする合図とすること。
●上段の子どもが軽くジャンプしたら、下段の子どもは手を離し、加えて上段の子どもが着地直前には腰の位置に手を添えて補助すること。

このように、上段の子どもが必ず足から着地できるようにする練習を徹底してもらったことで、以後は事故が起きることはなく、運動会のほうも無事終えることができました。

さて、さらなる問題は翌年です。

「組体操にかかる子どもの事故」が社会問題となり、報道でも大きく取り上げられるようになっていました。「事故が多いし、そもそも危険すぎる」というのが理由です。

こうした動きを受けて、スポーツ庁政策課より「組体操等による事故の防止について」（平成28年3月25日）と題する事務連絡が発出されました。
要諦は次のとおりです。

●校長の責任の下で組織的な指導体制を構築すること
●児童生徒の体力等の状況を踏まえて段階的・計画的な指導を行うこと
●活動内容に応じた安全対策を確実に講じること

加えて、以下の方策が示されました（抜粋）。

1．各学校においては、組体操を実施するねらいを明確にし、全教職員で共通理解を図ること。
2．各学校においては、練習中の児童生徒の習熟の状況を正確に把握し、その状況に応じて、活動内容や指導計画を適時適切に見直すこと。
3．各学校においては、タワーやピラミッド等の児童生徒が高い位置に上る技、跳んできた児童生徒を受け止める技、一人に多大な負荷のかかる技など、大きな事故につながる可能性がある組体操の技については、確実に安全な状態で実施できるかどうかをしっかりと確認し、できないと判断される場合には実施を見合わせること。

4．各小学校においては、組体操に関しては小学校での事故の件数が相対的に多いことや、小学校高学年は成長の途中で体格の格差が大きいことに鑑み、在籍する児童の状況を踏まえつつ、事故につながる可能性がある危険度の高い技については特に慎重に選択すること。

5．各教育委員会等においては、段数の低いタワーやピラミッド等でも死亡や障害の残る事故が発生していることなど、具体的な事故の事例、事故になりやすい技などの情報を、現場で指導する教員に周知徹底すること。

この事務連絡を受けた新座市教育委員会は、安易に「全面廃止」への舵を切ることはしませんでしたが、「子どもの安全を最優先し、実態に応じて行うかは学校長の裁量とする」といった趣旨の連絡を管下の学校に入れました。もとより、学校管理下の事故責任の所在は校長にあるわけですが、念押しされたようなものです。

このような折、校長室に訪れた高学年担当の先生方から、「今年も組体操を実施したいのですが…」と切り出し、次の説明をしてくれました。

●組体操を実施するに当たっては、学習指導要領に規定されているねらいを踏まえること。

●子ども同士の協力や友情、教員と子どもの人間関係を深め、学校生活の充実を図ること。

●地域との連携を深めること。

きっと世間的な動きを案じてのことでしょう。あらかじめ「学習指導要領解説 特別活動編」（健康安全・体育的行事の箇所）なども事前に読み込んでおり、あふれる熱意が伝わってくる説明でした。

しかし、その場でゴーサインを出すことはせず、いったん保留扱いにしました。単に社会問題とされているからという理由ではありません。スポーツ庁や教育委員会からの公式文書が届いている以上、学校としては「去年と同じように」というわけにはいかないからです。これまで以上の安全対策を用意する必要があります。

そこで、私は「運動会での事故事例」を調べることにしました。当時参考にしたのは「体育的行事における事故防止事例集」（独立行政法人日本スポーツ振興センター／平成28年度スポーツ庁委託事業、スポーツ事故の防止対策推進事業）です。

この事例集によるとやはり、タワーやピラミッドなどの大技だけでなくサボテンによる事故も報告されていました。最も目を引いたのは「倒立」です。2人組になって順番に倒立するだけの体操ですが、倒立を補助する子どもが足を振り上げる子どもの正面に立っていると、顔面を蹴られて怪我をするケースが多いことを知ったのです。これは、私にとって盲点でした。
倒立による事故を回避する方法には、次が挙げられていました。
●倒立を補助するときは、（正面ではなく）振り上げ脚側の側面に立つこと。
●倒立するところまで脚を上まで上げられない子どもが相手のときは、補助する子どもは低い姿勢になって腰と膝部分を支えながら行うこと。
●対《つい》になる子どもの身長や体格をできるだけ揃えること。
こうしたことをデータから学んだ私は、担当学年に「次の条件を満たせるのであれば許可します」と伝えました。
●ピラミッドを行う場合は、横に広がる組み立て方にする（正面からは4段に見える）。
●タワーの土台を組み立てる際の正しい姿勢は、次のようにする。
・体を真っ直ぐに立てるようにする。
・乗り手は土台の首の後ろあたりに足を乗せ、土台は乗り手の足を両手でしっかりと固定し、結合部分をしっかりと固定させる。

**資料3　組体操災害演技別**（日本スポーツ振興センター 平成27年度データ総数7,880件）　単位：件

| 学校種 | タワー | ピラミッド | サボテン | 飛行機 | 倒 立 | 肩 車 | その他 | 合計（割合） |
|---|---|---|---|---|---|---|---|---|
| 小学校 | 888 | 636 | 498 | 128 | 994 | 555 | 2,180 | 5,879（74.6%） |
| 中学校 | 357 | 342 | 82 | 29 | 177 | 88 | 606 | 1,681（21.3%） |
| 高等学校 | 52 | 54 | 8 | 3 | 28 | 13 | 140 | 298（3.7%） |
| 合計（割合） | 1,297（16.4%） | 1,032（13.1%） | 588（7.5%） | 160（2.0%） | 1,199（15.2%） | 656（8.3%） | 2,926（37.1%） | 7,858（99.6%） |

※高等学校定時制2、高等専門学校1、中等教育学校6、特別支援学校（小1、中2、高10）計22件除く
※上記7,880件のほか、組体操以外での事故災害が約190件である。合わせて体操（組体操）総件数8,071件

・土台を二重にする。
・子ども同士が声をかけ合い、しっかりタイミングを測れるようにする。
＊これまで行ってきた「土台は乗り手が乗りやすいように、頭を入れて背中を平らにする」といった指導を改める。

先生方が右の約束事を守って指導し、子どもたちも真剣に練習に取り組んでくれたおかげで、練習時を含めた事故件数は、軽傷の1件で済みました。

＊

「危ないと言われているから」といった理由で安易に廃止してしまうのではなく、そうかといって「去年は大丈夫だったから」などととらえてはならず、綿密なデータ分析（資料3）に基づいて安全対策を講じることが、（組体操に限らず）危機管理の要諦であることを、私は改めて学んだのでした。

## 学級の危機管理

ある日、高学年の子どもが校長室に駆け込んできました。「大変です！」そう言って、泣きそうになりながら「教室に来てください」と私に訴えかけてきました。

そこで私は、教頭を連れだってその子のクラスの様子を見にいくと、担任が子どもを指導している光景が目に入りました。最初は、子ども同士でなにか揉めごとがあったのかなと思ったのですが、様子がおかしいことにすぐに気づきました。

子どもたちがなにやら声を荒げて、担任に文句を言っているのです。まったく収拾がつかない状況でした。その様子の異様さを目の当たりにした私は、子どもたちの対応を教頭にお願いし、私は校長室で担任の話を聞くことにしました。

詳細は触れませんが、担任は「子どもたちとのやり取りで行き違いがあった」と言います。それに対して私は、「先生のほうに落ち度があるのであれば、素直に認めて、子どもに謝る勇気も大切ですよ」と伝えました。担任は納得し、教室に戻って子どもたちに謝罪しました。

教頭が子どもたちをクールダウンしてくれていたおかげで、子どもたちも冷静に担任の話に耳を傾けていました。その様子を見届けて、いったんはほっとしたのですが、数日後に子どもたちの怒りが再燃します。

すっかり授業ができる状態ではなくなっていました。担任との関係は、修復できるのかと不安になるほどで、学級が崩壊したと判断せざるを得ませんでした。

日を経ずして保護者からも心配の声が挙がり、臨時の保護者会を開くことにしました。状況が状況だけに、事の経緯だけを説明して済む話ではありません。単に学級を立て直すにとどまらず、子どもたちが安心感をもって学校生活を送れるようにする方策までもしっかり立てたうえで、保護者に説明する必要を感じました。

臨時保護者会当日、まずは子どもや保護者のみなさまにご心配をおかけしたことをお詫びし、当面の方策とお願いをしました。

- 埼玉県教育委員会に加配教員を申請し、当該の担任とＴＴを組んで共に授業を行うこと。
- 管理職は日常的に授業を参観して状況を正確に把握すること。
- 可能な限り保護者に学級に入ってもらい、子どもたちの様子を見守ってほしいこと。

この会には、矢澤三男さん（学校運営協議会の委員）にも同席してもらい、「子どもたちのために一緒に学校を応援しましょう」と話をしてもらえたことも手伝って、保護者のほうも「しばらく様子を見ましょう」ということで会は終了しました。

とにかくも右に挙げた方策を立てたものの、あくまでも「当面の」というただし書きがつく対症療法です。いくら加配教員を手配し、保護者にも学級に入ってもらえても、子どもたちと担任との直接的な関係改善なくして、再び学級を崩壊させてしまう根を断ち切ることはできません。

一番の解決策は、担任自身の授業改善です。

学習指導と生徒指導は車の両輪です。いくら子どもに寄り添うかかわりに努めたとしても、学習指導がままならなければ子どもや保護者の（一度根づいた）不信感を払拭することはできません。担任が「わかる授業・楽しい授業」を行えるようになってこそ学級が崩れない風土を形成します。

校長としては、授業を参観するたびに校長室に担任を呼び、「そのためにどうすればよいか」をアドバイスしていましたが、そう簡単に授業力が向上するわけではありません。時間が必要です。

そこで私は、「この学級の子どもたちには、どんなよさがあるのか」をとことん調べることにしました。「給食の残菜が一番少ない」でも、「掃除を一生懸命やる」でもかまいません。とにかく私がそれを「よさだ」と感じ、子どもたちもそれを「よさだ」と受け止められる事柄でさえあればなんだってよかったのです。

そのようにして見つけたのが、「図書室の本の貸し出し数」でした。全学級ナンバーワンだったのです。そこで早速、担任に伝えると大喜び。帰りの会で担任の口から褒めてもらいました。

ほかにもなにかできるのではないかと考え、思いついたのが「推薦文つきの本の帯」です。まず、学級の子どもたちに自分たちが読んだ本のなかから「お薦めの本」を選んでもらいます。次に、横長の短冊に「どんなところがお勧めなのか」を書いてもらって本に巻き、図書館司書教諭や図書整理員さんにお願いして図書室に展示してもらうことにしました（**資料4**）。この展示については全校朝会でも紹介し、「本の帯活動」を称賛しました。

全校児童に紹介してもらえたことがよほどうれしかったのでしょう。わざわざ校長室までやってきて、「校長先生、私のお薦めの本を読んでくれた2年生の子がいて、すごくおもしろかったと言ってくれました」と報告してくれる子どもが現れるようになりました。このようにして、だんだんと子どもたちの表情に笑顔が戻っていったように思います。

**資料4　子どもたちが書いた推薦文の帯**

しかし、このような取組も笑顔が戻るきっかけとはなっても、本質的な問題解決にはなり得ません。先述したように、担任の授業改善こそ最良の治療薬だからです。結局、この学級が完全に立ち直るのに1年近くを要しました。

危機管理としてはそもそも学級が崩れないようにすることが第一です。しかし、ひとたび学級崩壊となれば、（担任と子どもとの人間関係再構築を第一としながらも）、担任や学年任せにするのではなく、校長自身が「出るところは出る」という姿勢を示さなければなりません。そうすることが、担任一人に責任を負わせて窮地に立たせることとなく、かつ子どもたちが平穏で楽しい学校生活を取り戻すために欠かすことのできないことなのです。

最後に紹介するのは、この学級の子どもが書いた卒業文集の一節です。


最初のころはクラスがバラバラで全く仲よくなかった。けんかばかりだった。校長先生が「困ったことがあったらいつでも校長室にきていいよ」と言ってくれた。その言葉に僕たちは救われた。けんかばかりしていたクラスメイトとも、担任の先生とも少しずつ少しずつ向き合っていった。

そして、二学期の半ばくらいから仲がよいクラスに変わった。たまにはけんかやもめごともあったけど、仲がよいまま三学期になった。

そのとき、ある人が担任の先生に手紙を渡した。そしたら、先生は泣いた。いろんな人も泣き始めた。そして最後のレクが始まった。レクはドロケイをやった。そして最後のレクが終わって、校長先生に「これまでありがとうございました」と言って終わった。

そのときみんな泣いていた。僕はそんな泣かないけど泣いてしまった。

## マスコミ対応の危機管理

市役所で行う定例校長会に出席していたときのことです。私宛てにファックスが届けられました。送り主は教頭です。文面は、「A新聞社の記者が子どものことで聞きたいことがあり、校長と話をするまではお引き取りにならないと言っている」という内容でした。すぐに金子教育長に伝え、学校に戻る指示をもらいました。

同行いただいた森指導課長には、なにかあったときに対応いただくということで別室に待機してもらいました。新聞記者によると、新聞社宛てに「野寺小の子どもがいじめられているのではないか」と匿名メールがあったので話を聞きに来たということでした。その件については、（新聞記者に問われるまでもなく）担任を通してすでに承知していました。そこで、私は「いじめではありません」と回答しました。

フェイクを入れますが、事の経緯はおよそ次のとおりです。

仲のよい友達同士のお泊り会で撮影された写真がきっかけです。（いじめを疑われた）子どもの友達がグループラインに写真を投稿します。次に、（お泊り会に参加していない）別の友達がその写真を加工してグループラインに投稿します。さらに別の友達が自宅で加工された写真を見ていたところ、脇にいた保護者の目に留まり、新聞社に匿名メールを送ったというのが主な経緯です。

この案件に関与していたすべての子どもと保護者に来校してもらい、個別に聞き取りを行い、問題とされた写真については、私の目の前で削除してもらいました。当の保護者も、子どもたちや周囲が大騒ぎになっていることに驚き、しきりに反省の弁を述べていました。その矢先の新聞記者の訪問だったのです。

こうした経緯を丁寧に説明したうえで、新聞記者の方にはお引き取りをお願いしたのですが、いっこうに帰ってくれません。どうも、記事にするうえで都合のよいシナリオどおりの回答を私に言わせようとしているようでした。そのため、私がどれだけ真摯に回答しても、「本当は学校が隠蔽しているのではないか」と矢継ぎ早に質問を浴びせてきます。

すべての新聞記者がそうだとは思いませんし、特ダネがほしい気持ちもわからないでもありません。しかし、ひとたび間違った情報が報道されれば、関係する子どもや保護者、教員がみな理不尽に傷つけられてしまいます。誤報は明らかですから、その新聞記者にしたところでキャリアに傷がつくはずです。だれにとってもなに一ついいことはありません。

その新聞記者に対しては、こちらが逆に問いただしたい気持ちにも駆られましたが、ぐっと堪えて「間違いなく、いじめではありません。学校を混乱させないでいただきたい」と伝えたところで、しぶしぶ帰っていきました。ほっと胸をなで下ろすと同時に、森指導課長に待機してもらっていたことの心強さを感じました。

このとき、「子どもたち同士のちょっとした悪ふざけが大事になることもある」ということ、「学校の危機から守る最後の砦は、やはり校長なのだ」ということを痛感したのでした。

# 第10章 子ども、教員のよさを伸ばす～よさのバトンタッチ

## 「子どものよいところ」欄

野寺小では毎年、3月に教員間で子どもの情報を交換しながらクラス替えを行います。その際には、担任が作成した個票を基に行います。子どもの成績や運動技能が偏らないようにバランスを図るためです。

個票には、「忘れ物が目立つ」などといった記載が見られることがあります。私は先生方に「こうしたことを書くのはやめにしましょう」と事前に伝えていました。理由は次の2つです。

- 担任が代わることで忘れ物がなくなることもある（その子固有の問題ではない可能性がある）。
- 新年度、子どもと出会う前に余計な先入観をもたせることになる（レッテル貼り）。

逆に、書かれた内容が「子どものよさ」であれば大歓迎です。教員同士うれしい気持

ちでバトンタッチができるからです。そこで、4月初旬の引き継ぎに向けて、あらかじめ個票に「子どものよいところ」欄を設けておきました。

この取組の教育効果は、ことのほか早く現れます。

新年度、学級開きを行ったある学級での出来事です。担任が子ども一人一人と握手を交わすなか、「Aさんは昆虫博士なんだってね！」などと声をかけていました。子どものほうは、さぞかしびっくりしたことでしょう。

〝今日はじめて話をしたのに、自分のことを知っている。それに、昆虫博士って言ってくれた〟とうれしい気持ちになったはずです。家に帰るなり、その日のことを保護者に伝えたに違いありません。

ちょっとしたことかもしれませんが、子どもたちにとっては最高の学級開きになったはずです。「一人一人が輝き、出番のある学校」に一歩近づけるすばらしい取組だったと思います。

## 「学校だより」で子どもや先生のよさを紹介する

「学校だより」を活用して、私は野寺小の先生方や子どもたちのよい取組を紹介していました。たとえば次のとおりです。

●運動会練習中では、体調不良を訴える子どももいました。このような子どもに対し、本校のK先生（学校だよりでは実名）は、一緒につき添って自宅まで下校し、保護者の方に直接事情をお話しする出来事がありました。

●S先生が算数科で暗算の研究授業を行いました。3人組で暗算を活用した買い物ゲームを行い、どの子どもも笑顔で楽しい授業となりました。

●埼玉県の学力・学習状況調査によると、M先生が担任するすべての子どもたちの算数の結果がたいへん良好でした。とくに面積の問題は県の平均正答率を18・6ポイントも上回っていました。

●O先生を中心として、不登校支援対策チームが立ち上がり、Yくんのためのパソコンや関連資料が校長室に設置されました。

●養護教諭のO先生は、すべてのトイレにいつもきれいな花を飾ってくださっています。トイレに入ると心が和みます。

●教務主任のA先生は、プレミアム休暇の学級に進んで入り、国語の授業を行ったり、他の先生方の授業支援を行ったりしてくれています。本校の教職員のバックアップ体制に心から感謝です。

いずれもこんな一言ですが、保護者だけでなく地域に対しても先生方のよさを発信する効果は絶大です（地区ごとの掲示板にも貼らせてもらっていました）。顔を合わせたおりに保護者から「A先生、がんばってるんですね」と声をかけてもらえたり、地域の方からわざわざお手紙をいただいたりしたこともあります。

こうしたスタイルの「学校だより」は、埼玉県の関根郁夫教育長（当時）のアイディアに基づいて実行したもので、私は「学校だより」を教員や子どものよさを宣伝する「広告塔」だと位置づけていました。

加えて、隔週で発行していた「校長だより」においても、先生方のよさのお陰で学校経営が成り立っていることへの感謝の気持ちを伝えていました。毎学期の終業式では、全教職員一人一人の活躍を労い、（一筆箋でしたが）「ゆっくり休んで充電してください」と感謝の手紙を渡していました。

**資料　よい子発見ポストとSOSポスト**

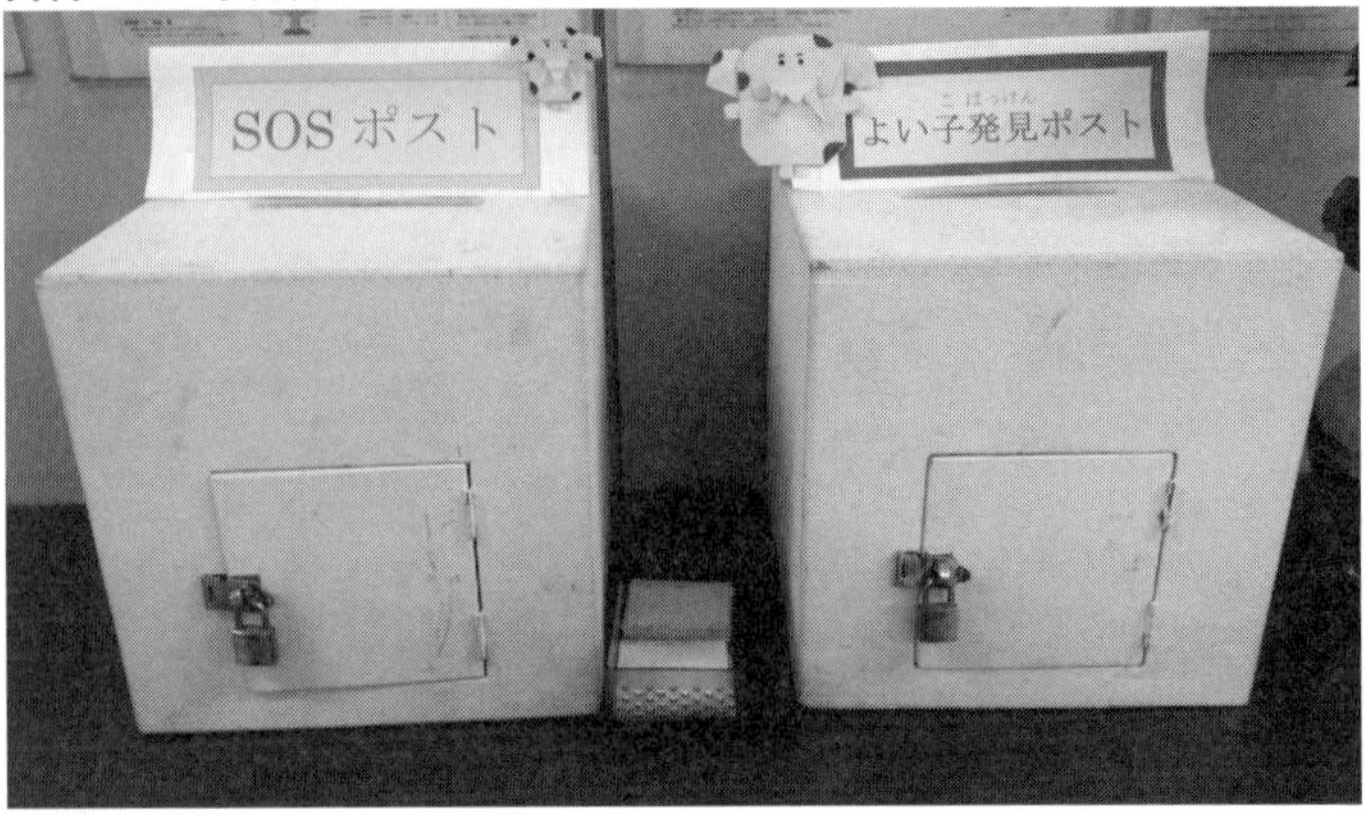


## 子どもの心とつながる

### 1　よい子発見ポスト

校長室前には2つのポストを設置していました（資料）。その1つが「よい子発見ポスト」です。よい行いをした友達を見かけたらメモ書きして入れておいてもらうポストです。

子どもたちには、「よい行いをした友達がすばらしいのはもちろんですが、発見して知らせてくれた人もすばらしいんですよ」と伝えていました。とくによい行いに対しては「善行賞」として賞状を出しました。このように、校長の視点から子どものよさを見つけられる取組を行っていました。

ほかにも、毎朝の正門での登校指導の場面で、通学班の班長さんが安全に配慮した行動をしていれば「Aさんすばらしいですよ。班のみんなが安心して登校できますね」と声をかけ、雨の日に昇降口で傘をきちんとたたんでいる子どもがいれば、「Bさん偉いな。次の人が傘を入れやすくなるものね」と声をかけていました。

掃除の時間も子どものよさを見つけるよい場面です。真剣に掃除をしている子を見かけては、「Cくんはキビキビしていていいですね。きれいにしてくれてありがとう」と声をかけていました。

こうした声かけを行う際に、とくに意識していたのが次の2点です。

**①褒める際には、相手（子ども）の名前を口にすること。**
**②褒めるだけでなく、「ありがとう」と感謝の気持ちを伝えること。**

①については、子どもの名前を言えるかで、その子が受けとる「うれしい気持ち」が大きく変わります（在校生すべて〈650名〉の子どもの顔写真を校長室に貼り、その日の出来事を振り返りながら顔写真を確認していました）。

②については、アドラー心理学から学んだことです。

アドラー心理学によれば、褒め言葉だけ口にしていると、褒められること自体が目的となり、やがて褒められたことしか行わなくなると言います（他律的になります）。そこで、「ありがとう」「あなたのお陰で助かったよ」などとつけ加えることによって、その後も自律的によい行いができるように配慮していたわけです。

こうした声かけを日常的に行っていると、子どもたちはだんだんと「よい行いとはなにか」を学び、「よい行い」をしている子の真似をするようになります。地道な取組ですが、継続できれば、その教育効果は計り知れません。

## 2 SOSポスト

もう1つのポストは「ＳＯＳポスト」です。これは、いじめなどによって学校が嫌いになる前に子どもの心の窓を開いてもらうためのポストです。

学校生活アンケートを実施したときのことです。30人もの子どもが、「自分はいじめをしている」と回答しました。アンケートに自己申告するくらいですから、意地悪したりからかったりする程度のものでしょう。しかし、校長として看過することはできません。放っておけば、深刻ないじめに発展する予兆だととらえたからです。

そこで設置したのが、この「ＳＯＳポスト」でした。

私は全校朝会で子どもたち全員に次のことを話しました。

だれかに悪口を言われたり、意地悪をされたりして、つらい思いをしたら、担任の先生に伝えてください。それでも解決しなかったら、「私、Aさんに意地悪されています。助けてください」と紙に書いてSOSポストに入れてください。私が先頭に立ち、野寺小の先生みんなが、責任をもってあなたを守ります。

その後、毎月のように数名の子どもからSOSを受け取りました。受け取った翌日には、私、担任、教頭、相談室のS先生、保健のO先生とでチームを組み、その子たちの悩みを聞き、問題の解決に取り組みました。

その際、からかったりした子どもを一方的に叱るような指導はしません。必ず「その子のもっているよさ」をベースにして、その子の心に「改めてほしいこと」が届くように努めていました。これは、全教職員共通の指導スタンスです。

命にかかわるような行為に対しては、子どもを叱ることもありました。しかし、アドラーの論を俟つまでもなく、できれば叱るという指導を私は行いたくないのです。「一人一人が輝き、出番のある学校」にするには、どのようなときも、その子どもがもっているよさに基づいて対応する。それは、問題行動への対応であっても変わりないのです。

# 第11章 働きがいのある職場環境づくり

## 居心地のよい職員室

朝出勤すると、私はまず職員室の後ろの扉（隣接する校長室とは反対側の扉）から入ります。一人一人の先生方に声をかけたいからです。帰宅するときは逆向きで、校長室から職員室に入り、後ろの扉から出て玄関に向かいます。その間、ノートの丸つけや日記指導をしている先生方の様子を目にしたり、労いの声をかけたりします。これは校長になってはじめたことではなく、教頭時代からの私の習慣です。

教頭時代、Ａ４・１枚の上段に学校敷地図と教室配置図を、下段に名簿（教職員だけでなく、交通指導員さんなど日常的にかかわる人）のチェック欄を配置してプリントアウトした用紙を手に、毎朝校舎の内外を歩いていました（用紙は1年分印刷してファイリング）。

まず校庭や体育館を回りながら、遊具に瑕疵がないか、ゴミなどが落ちていないかをチェックして学校敷地図に記録します。次は、校舎内を回りながら、教室の窓を開けて換気をしているか、黒板などがきれいになっているか、机が整頓されているかなどをチェックして教室配置図に記録します。

いずれも、先生方の落ち度を見つけるためではありません。先生方のよい取組を見つけて褒めることが目的です（他方、なにか懸念される問題があれば、記録に基づいて校長に報告します）。

教職員名簿のチェック欄は、その日に先生方と話したことの記録用です。一言でもなにか話したらチェックを入れ、校長への報告が必要な案件については名簿の横にメモ書きします。

このようにしていると、「教頭である自分は日々、先生方とコミュニケーションを図っているつもり」にならずに済みます。チェック欄の記録を見返して、話をする回数が明らかに少なければ、話題を見つけて自分から声をかけることができるからです。

この教頭時代の習慣を、校長になってもつづけていたわけです。加えて、校長になってからは、「学校だより」や「校長だより」に掲載した先生の紹介回数に偏りがあるかをチェックする際にも役立てていました。

そうするうちに少しずつ、しかも確実に、どの教職員ともお互い胸襟を開いて話をし合える関係性を築くことができたのです。

# 入りやすい校長室

職員室に隣接する校長室の扉は、いつも開きっぱなしです。扉を閉めるのは、来客があったときか、先生方から相談事をもちかけられたときに限られます。ときには、泣きながら悩みを打ち明ける教員の話を聞き、涙が枯れるまでつき合うこともありました。

先生方の悩みごとは学校でのことだけではありません。プライベートの話題に及ぶこともあります。私にはどうすることもできないので、ただ話を聞くだけです。それでも「聞いてくれるだけでもありがたいです」などと言われるたびに、なんとも歯がゆい気持ちになりました。

教員や子どもたち、保護者や地域の人たちと愉快な話をしているときなども、校長室の扉は開きっぱなしです。ときには、盛り上がりすぎて大笑いする声が職員室にも響き渡り、〝なんだ、なんだ〟と校長室を覗き込む教員がいたくらいです。

教員一人一人が抱えている（トラブルを含む）悩みごとがどれだけ解決するかについては、あまり問題にはしていません。野寺小の「職員室は私たちにとって居心地のよいところだ」「校長室は私たちが泣くところ、笑うところ、共に悩むところだ」と、先生方が心からそう思えることこそ重視していたからです。

働き方改革というと、学校行事（準備や練習時間を含む）を減らすとか、とにかく残業を減らすといった話題が多いように思います。

国の施策に目を向ければ、平成31年1月に公示された中央教育審議会答申（「新しい時代の教育に向けた持続可能な学校指導・運営体制の構築のための学校における働き方改革に関する総合的な方策について」）では、勤務時間管理の徹底や健康管理を意識した働き方改革の促進が提起されています。これを受けて各自治体は、出退勤タイムレコーダーを導入するなど勤務管理が進みました。

それに対して一定の評価はできるのですが、退勤時間の帳簿を整えることに管理職の意識が向かいすぎやしないかと心配になることもあります。とにかく減らすという発想ばかりが前面に出てしまうと、教員のやる気を削ぎかねないからです。

そんな私が考える働き方改革は、どの教職員もやりがいをもって自分の仕事に打ち込めることができ、一人一人のウェルビーイング（幸福感）を得られるようにすることです。こうした考えから、管理職がなによりも着手すべきは職場の環境改革なのだと思います。

職員室が先生方の気持ちをゆったりできる場所にすること、子どもや授業の話題で先生方が気兼ねなく話し合える場所にすることです。その先に、一人一人の働き方において欠かすことのできない「お互いをリスペクトし合える良好な人間関係」が形成されます。

私はこんなふうに考えていましたから、たとえば教職員から「退勤時間を過ぎてしまうが、この仕事は今日のうちにやり遂げたい」といった申し出があれば、私は積極的に許可していました。その一方で、「何時まで仕事をするか」を自己申告してもらい、勤務時間を超過した時間分は必ず振り替えるようにしていました。

つまり、教員が「みな毎日同じ時間に出勤して同じ時間に退勤する」という考え方ではなく、「1週間単位で規定の総勤務時間数の帳尻がついていればよい」という考え方です。実際に「教員がしたいこと」をベースにして勤務態様にメリハリをつけたところ、どの教職員も私が想像していた以上の高いモチベーションをもって職務を遂行してくれるようになったと思います。

（繰り返しになりますが）**働き方改革の要諦は、時間管理そのものにあるのではなく、幸福感に満ちた働きがいのある職場環境づくりにある**のだと私は思います。

## さらなる人間関係づくり

校長としてさらに配慮したことがあります。それは、同じ校舎内の放課後児童クラブ、いわゆる学童保育の職員の方々や、新座市独自の放課後子ども教室「ココフレンド」の職員の方々との関係です。

第1章でも紹介したように、学童保育の活動時になにかトラブルがあれば、学童の職員が対応しなければなりません。しかし、放課後学童保育に通っているのは野寺小の子どもたちです。いくら法的根拠や所管する組織が異なろうと、放課後の子どもたちの様子（情報）を野寺小の先生方が得られるのはプラスしかありません。

こうしたことから私は、学校職員以外の方々とも積極的にかかわるようにしていたのです（詳細は「第1章」を参照）。

＊

よく「子どもが落ち着いて学べる安心感のある教室が大切だ」と言われますが、それは校長室や職員室も同じです。もし校長室が入りにくく、職員室の雰囲気もギクシャクしていたら、教職員の不安感が増し、教室にもいい影響を与えないでしょう。校長室を中心軸として波紋が広がるように、職員室、各教室へと安心感が伝播していってこそ、学校全体があたたかみのある空気に包まれるのです。

# 第12章 教育者たる条件

## 日初理で学んだこと

ジェステルリッヒ（ドイツの教育学者）は、次のように断じています。

「進みつつある教師のみ、人を教える権利あり」

（アドルフ・ディースターヴェーク〈1790年〜1866年〉著『ドイツの教師に寄せる教授指針』集録）

この考え方は、日本の国語教員であった大村はま先生の「『研究』をしない先生は、『先生』ではないと思います」（著書「教えるということ」共文社、1973年）という言葉にも通じるものです。さらに言えば、教育公務員特例法第21条に定める「教育公務員は、その職責を遂行するために、絶えず研究と修養に努めなければならない」という文言とも重なります。

いずれにも共通することは、「学びつづける者であってこそ、教育者たり得る」ということであり、いつの時代にも色あせない普遍的な教育者の条件だといえるでしょう。

それに対して、私自身はどうかと問われれば、「そうできることもあれば、できなかったこともある」と言うほかないのですが、一つだけ貫いてきたことがあります。それは、初任から現在に至るまでの三十数年間、理科の研究だけは手を抜くことをしなかったことです。

私は初任のころから「日本初等理科教育研究会」（日初理、以下「会」と略）に所属し、セミナーや全国大会に参加していました。毎年1回は研究会で発表し、会報誌に論文を投稿していました。そのようにして学んだことや、自分のまとめた文書を基礎資料として、10年近く理科の指導案（B5版1枚の略案）を毎時間書きつづけてきました。指導案は大学ノートの左側に貼り、右側には授業後にその時間の板書を書き写したり、想定外の子どもの様子などを書き留めたりしていました。

これらは、教員時代の私の宝物であるだけでなく、管理職として教員にアドバイスをする際の財産ともなったのです。

主に若い先生方に伝えていたのは、「子どものわかり方」や「授業づくりのアイディア」でしたが、先生方からはよくこんなことを聞かれました。

「校長先生の専門は理科なのに、なぜほかの教科でもこんなに多くの授業アイディアが出るんですか?」

たしかに私の研究教科はあくまでも理科です。しかし、数十年の長きにわたって学びつづけているうちに、どうやらどの教科等にも通ずる見識（指導観）をもつにいたっていたようです。これもひとえに、日初理での研究がベースになっています。

私が所属していた会の草加支部は、次の方針を掲げていました。

●子どもの心を的確に読みとり、適切な働きかけができる教員を目指す。
●子どもの心を大切にする指導技術を身につける。
●すべての授業に通ずる理科の指導観を身につける。

そもそも会に入会した理由は、自分の指導に対する不安感を払拭するためでした。「予想もしなかった子どもの反応に、しどろもどろになってしまう自分を変えたい」「そのために本物の力をつけたい」と思っていたのです。

会の勉強会はたいへん厳しく、甘くはありませんでした。特に厳しかったのは、「実力実践養成講座」（いわゆる授業研究会、以下「講座」と略）です。毎週土曜日の放課後に行っており、開催回数は50回を超えます。しかも、初任だろうと関係なし。先輩方から容赦な

**資料１　研究会１日のスケジュール**

| 部 | NO | 項目 | 時間 | 内容・行動 |
|---|---|---|---|---|
| 第1部 | 1 | 授業公開 | 2：00～2：45 | 参加者は授業記録を取る。私語なし。 |
| | 2 | 研究協議 | 3：00～4：30 | 自由に雰囲気を醸成する。会員以外の参加者のニーズをベースに研究協議を進める。 |
| | 3 | 指導講評 | 4：30～5：00 | 研究協議で話題となった問題点などを中心に授業の改善点を示し、苦手な人の充実感を大切にする。 |
| | 4 | 休憩 | 5：00～5：30 | 第２部の用意をする。具体的には第２部の進行表を配付する。参加者及び授業者は、第１部で気がついたことなどのコメントを用意する。 |
| 第2部 | 5 | 授業分析① | 5：30～6：30 | 休憩中のコメントをもとに、自分なりの疑問点や解決したいこと、あるいは対策などをまとめ、人数分コピーし、配付する。 |
| | | 夕食 | 6：30～7：30 | |
| | 6 | 研究協議① | 7：30～8：30 | 授業分析①をもとに議論し、授業の改善点・研究課題などを集約する。他の授業分析①について、自分の意見をもつ。 |
| | 7 | 授業分析② | 8：30～9：30 | 研究協議①をもとにして、本時の指導案や単元構成を作る。また、素材性についてもコメントする。人数分コピーし、配付する。 |
| | 8 | 研究協議② | 9：30～10：15 | 授業分析②をもとに議論する。 |

い指導が浴びせかけられます。

この「講座」の厳しさは、当日の研究会スケジュール（資料1）をご覧になればおよそ想像がつくかと思います。働き方改革が喫緊の課題とされる現在では、とても組めるスケジュールではないでしょうが、当時は子どもの「わかりたい」という気持ち」に応えるため、寸暇を惜しんでひたすら学びつづける日々を送っていました。

ただし、いかに厳しいとはいえ「講座」に身を置いてさえいれば教員としての資質・能力が高まるわけではありません。講座が要求する課題をこなすだけの研究では、自分の力量を引き上げることはできないからです。過密日程で（充実感よりも）疲弊感が増し、会をやめてしまった仲間も少なくありません。

やはり「会が求めるから」と他律的ではなく、「自分が求めるから」と自律的にアクションしつづけてはじめて光明を見いだせるようになるのだろうと思います。その光明とは、教員として自分自身が解決したいと思える課題（問い）にほかならないのです。

それは、子どもの学びと変わりません。いくら授業展開を課題解決にしたところで、子どもが自分ごととして課題を見いだし、その課題を解決したいという思いをもって取り組まなければ、学力は向上しないのと同じです。

まして（教室の後ろで腕を組み、その場を一歩も動かず、授業記録さえ取らずに）漫然と授業を観て（思いつき程度の）質問や意見を口にしているだけでは、自分自身に必要な新たな視点や問いを獲得することはできません。「自分はなにに着目して授業を観るのか」という明確な意図をもって授業参観に臨む必要があります。

そこで私は、反省的思考から教授方法を見直すために、自分が観た（あるいは自分が行った）授業を分析しながら、指導案をつくり直しつづけていました。それが授業者としての私の礎となったように思います。

こうした経験を踏まえ、野寺小の先生方には（官製研修は言うまでもありませんが）民間の研修会にも可能な限り参加するよう働きかけていました。

とはいうものの、（コロナ禍前までは）夏休みになるとさまざまな研究団体が対面の研修会を開催しており、複数参加するとなれば、相当の参加費となります。

あるとき、校長室に訪れたA先生が、申し訳なさそうにこう言いました。

「校長先生、夏の研修会に参加したいのですが…結構参加費が高くて…」

それに対して私は即答です。

「学校で負担するので、気にせず勉強してきてください」

研修会への参加費は、学校予算からではありません。研究助成金から捻出していました。この助成金は、大学との連携事業（COC事業）によって得られたものです。研修会への参加費のみならず、「自分の力量形成のために必要だからほしい」と言われた書籍もすべて購入したし、教材教具も購入しました。第3章で紹介した短期内地留学を行う際の旅費やランチ代も、実はこの助成金からの捻出だったのです。

＊

助成金の活用は、教諭時代（5年目）に培った方法です。当時私は、ソニー教育財団やパナソニック教育財団に学校研究論文を投稿しては助成金を得ていました。この経験が、校長になって生きたわけです（研究助成金は利益ではありません。私はつど収支決算して教育委員会に報告していました）。

巻末付録「来るべき日に備えて」では、学校経営構想案の一つに【＊予算→弘済会、ソニー等年度初めに応募　自由に使えるお金】を挙げていますが、これは右に紹介した経験を振り返りながら盛り込んだものです。

校長になる前から私は、「研修を柱として学びつづける教員を育成するためには、学校経営上（学校予算とは別に）『自由に使えるお金』が必要だ」と考えていました。こうしたことから校長就任2年前に想定しておいたのです。

## 時代の動きに即した教員の人材育成

（保護者や地域を含め）社会が学校に求める教育のあり方は、時代とともに変化します。

平成の最初のころであれば、学力不振の子どもに焦点を当てる補充的な学習が中心でした。それに対して、平成14（2002）年に公表された「確かな学力の向上のための2002アピール『学びのすすめ』」（遠山敦子文科大臣）を契機として、補充的な学習だけでなく、発展的な学習が提唱されるようになります（その翌年には学習指導要領が一部改正されます）。

小学校理科においては、具体的な方策として「個に応じた指導に関する指導資料―発展的な学習や補充的な学習の推進（小学校理科編）」（文部科学省）が出されます。これらの動きは、いわゆる「吹きこぼれ」の子どもへの対応を重視したものだと考えられます。

この「指導資料」については、私も執筆者の一人としてかかわり、エリオット・アロンソン（Elliot Aronson）の提唱した「ジグソー学習法」や、市場の売り手と買い手のような交流活動の「ＭＤ（マーケティング・ディスカッション）法」などの指導方法を提案しました。

これらの指導法は、令和3年1月に公示された中央教育審議会答申「『令和の日本型学校教育』の構築を目指して」で提起された「個別最適な学び」と「協働的な学び」の考え方とも相通ずるものです。

その後、令和4年8月には、教育公務員特例法第22条の2第1項に基づく「公立の小学校等の校長及び教員としての資質の向上に関する指標の策定に関する指針」（以下「指針」と略）が全面改正され、次のように示されます。

新たな教員の学びの姿として求められているのは、一人一人の教員等が、自らの専門職性を高めていく営みであると自覚しながら、誇りを持って主体的に研修に打ち込むことである。教員等の資質の向上を図ることは、児童生徒等の教育を充実することに他ならない。児童生徒等の学びと教員等の学びは相似形となることが重要であり、個別最適な学び、協働的な学びの充実を通じて、「主体的・対話的で深い学び」を実現することは、児童生徒等の学びのみならず、教員等の学びにもまた求められており、児童生徒等の学びのロールモデルとなることが期待される。

（傍線筆者）

こうした考え方のもとに、「教師に共通的に求められる資質の具体的内容」では、次の5つの指標を示しており、そのまま学校経営の視点になり得るものです（資料2）。

**〈教員の指標〉**

- 教職に必要な素養
- 学習指導
- 生徒指導
- 特別な配慮や支援を必要とする子どもへの対応
- ICTや情報・教育データの利活用

**資料2　教員の指標**

**公立の小学校等の校長及び教員としての資質の向上に関する指標の策定に関する指針に基づく教師に共通的に求められる資質の具体的内容**

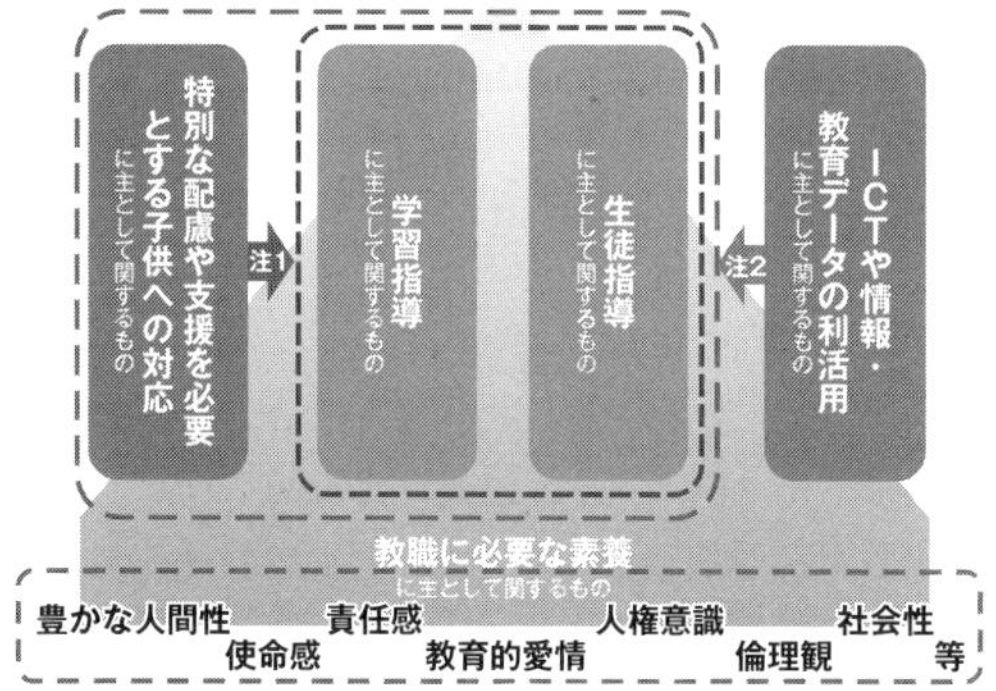


※ 上記に関連して、マネジメント、コミュニケーション（ファシリテーションの作用を含む）、連携協働などが横断的な要素として存在

注1）「特別な支援・配慮を必要とする子供への対応」は、「学習指導」「生徒指導」を個別最適に行なうものとしての位置付け
注2）「ICTや情報・教育データの利活用」は、「学習指導」「生徒指導」「特別な配慮や支援を必要とする子供への対応」をより効果的に行うための手段としての位置付け

言葉だけを抜き出すと、これまで大事だと言われていたこととなにも変わらないかのように見えますが、教員のライフステージ全体を俯瞰しつつ、教職年数だけでなく「向上・発展期」「充実・円熟期」といった職能成長に着目した段階をつけている点に特徴があります。

加えて挙げておきたいのが、次の5つです。

**〈教職に必要な素養〉**

●「令和の日本型学校教育」を踏まえた新しい時代における教育、学校及び教職の意義や社会的役割・服務等を理解するとともに、国内外の変化に合わせて常に学び続けようとしている。

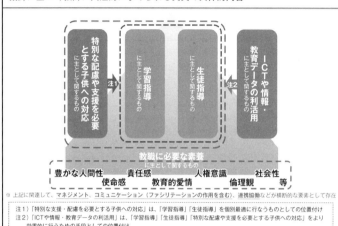

●豊かな人間性や人権意識を持ち、他の教職員や子供達、保護者、地域住民等と、自らの意見も効果的に伝えつつ、円滑なコミュニケーションを取り、良好な人間関係を構築することができる。

●学校組織マネジメントの意義を理解した上で、限られた時間や資源を効率的に用いつつ、学校運営の持続的な改善を支えられるよう、校務に積極的に参画し、組織の中で自らの役割を果たそうとしている。

●自身や学校の強み・弱みを理解し、自らの力だけでできないことを客観的に捉え、家庭・地域等も含めた他者との協力や関わり、連携協働を通じて課題を解決しようとする姿勢を身に付けている。

●子供達や教職員の生命・心身を脅かす事故・災害等に普段から備え、様々な場面に対応できる危機管理の知識や視点を備えている。

右の内容は、本書で語ってきた教員の人材育成の視点とも合致します。私は、こうした視点が学校教育において具現するために、次の取組を行っていました。

●1年を次の4つのステージに分ける。

［第１ステージ（４～５月）］学習・生活のルールづくり：個人カルテを生かした学級経営
［第２ステージ（６～７月）］学習・生活の習慣化：得意分野を伸ばす学級経営
［第３ステージ（９～12月）］学習・生活の活用：自立を促す学級経営
［第４ステージ（１～３月）］学習・生活の振り返り：個人の伸びを自覚させる学級経営

●ステージごとに担任の学級経営の視点を踏まえた質問項目を10個設定する。
●子どもを対象として年間４回アンケートを実施する。
●右の４つのステージを私の目指す学校グランドデザインの柱に据える。

私が目指していた学校グランドデザイン（次頁の資料３）も、校長に就任する2年前につくっておいたものの一つですが、なぜそうしていたかと言えば、校長になってからでは、すぐに着手できないからです（年度はじめの忙しい時期に「さて、どうしよう」などと考えている暇はありません）。

この学校グランドデザインを実現する軸となるのが校内研修ですが、問題は、その研修の質です。

「初任校で受けた研修は、その後の教員人生を決める（強い影響を及ぼす）」などとも言われます。いい研修を受けることができれば、その1年で見いだした課題はすべて、その

資料3　野寺小グランドデザイン

教員の伸びしろになります。逆にもし、満足のいく研修を受けられなければ、その教員の可能性を狭めてしまうでしょう。

ただそうはいっても、全国どの学校でも一定水準以上の研修を受けられるとは限りません。さまざまなトラブル対応などに追われ、思いはあってもなかなか時間や労力をかけられない場合もあるでしょう。こうしたこともあって、新しい年度がはじまってしばらくすると、どこからともなく次のような声が、保護者からささやかれてしまうこともざらにあります。

「A先生が担任になったら、うちの子が『毎日学校に行くのが楽しい』と言い出した（今年は当たり年だ）」

「うちの子が『B先生の学級のときはよかったのに…』と言っていて元気がない（今年は外れ年だ）」

いまどきで言えば、「親ガチャ」ならぬ「担任ガチャ」といったところでしょうか。

教員には力量差が確かにあります。しかも、子どもは教員を選べません。そのため、右のようなことがささやかれてしまうのは致し方ない面もあります。しかしだからこそ、校長は校内研修を充実し、どの学級であっても保護者から「今年もいい学級に当たってよかった」と思ってもらえるようにしていかなければならないのです。

教員の力量形成は、教員個人の資質や能力、意識の問題では必ずしもありません。校長としては学校組織の問題だととらえるべきなのです。「いい研修を受けられるかどうかは運任せ」であってはならない以上、校長の責任は重いのです。校長の取組次第で初任者の教員人生が大きく変わるのですから。

## これからの時代において校長に求められる役割

ここで、再び「指針」に話を戻します。「校長の指標」として次が挙げられています。

校長に求められる基本的な役割は、大別して、学校経営方針の提示、組織づくり及び学校外とのコミュニケーションの3つに整理される。これらの基本的な役割を果たす上で、従前より求められている教育者としての資質や的確な判断力、決断力、交渉力、危機管理等のマネジメント能力に加え、これからの時代においては、特に、様々なデータや学校が置かれた内外環境に関する情報について収集・整理・分析し共有すること（アセスメント）や、学校内外の関係者の相互作用により学校の教育力を最大化していくこと（ファシリテーション）が求められる。

（傍線筆者）

校長の指標で大切な視点は、傍線で示した2つです。「教育評価」と誤認されることの多いアセスメントですが、正しくは「教育測定（調査等）」であり、右に引用したように「様々なデータや学校が置かれた内外環境に関する情報について収集・整理・分析し共有すること」であり、カリキュラム・マネジメントの側面の一つであるＰＤＣＡサイクルそのものです。

こうした点からも、校長はこれまで以上にデータを収集・整理・分析し、その調査結果（エビデンス）に基づいて学校経営にあたらなければならないことが読み取れます（経験則に頼るばかりでは学校経営を誤ります）。野寺小の学力向上策は、「埼玉県学力・学習状況調査」結果（データ）に基づいて行っていましたが（「終章」で詳述）、これはまさに「アセスメント」にほかなりません。また、ファシリテーションについては、第２章や第３章で紹介した「校内組織の活性化」や「相互協力体制」、第４章で紹介した「地域との協働による学校全体の教育力向上」と対応関係にあるものです。

先生方が、自走する子どもたちの学習を扶ける伴走者であるとすれば、校長は、先生方がやりがいをもって職務に専念できるようにする伴走者だと言えるでしょう。

＊

最後にもう一つ挙げておきたいことがあります。それは、心身の健康です。野寺小でさまざまな学校経営改革を行えたのは、とりもなおさず私がとても元気だったからです。栄養のある食事と適切な睡眠が本当に大切だと思います。（当たり前すぎてあまり口にされないことかもしれませんが）どの職階にあっても欠かせない条件だといえるでしょう。

終章

# リーダーシップを磨くキャリア形成

終章では、自分自身の教員人生全体を振り返り、どのようにしてキャリアを積んできたのかについて、（これまでに語ってきたことと重複する内容もありますが）簡単に紹介しておきたいと思います。

## 学級担任時代（20代〜30代）

担任時代、なにかしらの研修会に参加する際には、子どもたちに対して「今度参加する研修会で必ず質問してきますからね」と宣言していました。

私は日ごろから「なにかわからないことがあったら質問しなさい」と子どもたちに言ってはいました。しかし、子どもたちにそう求めながら、自分自身はというと、そんなふうにできずにいました。

研修会には参加するものの、（初任のころはとくに）大勢の前では気が引けてしまい、疑問に思ったことがあっても質問することができなかったのです。〝自分のできないことを子どもに求めるというのは、おかしな話なのではないか〟そんなふうに感じて、宣言するようになったのです。

研修会に参加した翌朝は、「どうだった？ 先生、質問できた？」と声をかけてくれる子どもたちに、私は「ちゃんと質問したよ」と報告していました。

そんなことがあって、初任者研修はもとより、日本初等理科教育研究会や教科教育研究サークル主催の研究会であっても、並み居るベテランの先生方に向かって（勇気を振り絞って）質問したり自分の考えを発言したりするように努めました（有言実行です）。その甲斐あって、教員人生の最初の数年で物怖じせずに質問する癖をつけることができたように思います。

大勢の前で発言するためには、公開授業や講演などで得た情報を自分の頭のなかにインプットするだけでなく、瞬時に要約・整理し、端的に言語化しなければなりません。もともとは子どもに対して誠実ではないと考えてはじめた取組でしたが、やがて自分の考え（課題意識や問い）をもって研修に臨めるようになっていきました。

これは、思考実験にも似た、とてもよいトレーニングになったように思います。自分が質問される側に立ったとき、多方面からのさまざまな質問内容を理解・判断し、臨機応変に回答するスキルを形成することにつながったからです。

加えて、1年に1度は必ず研究授業を行うことを自分に課していました。「とにかく人前で授業をしない限り自分は伸びない」と思っていたので、どれだけ恥ずかしい思いをしてもつづけていました。

加えて、（B5版の略案ですが）毎時間の理科指導案を書いていました（初任の年からはじめ、10年つづけていました）。大学ノートを開き、左側に指導案を貼り、右側にメモを書き込んでいました。「授業中に気になった子どもの発言」「想定外の子どもの考え方」「自分がもっとこうすればよかったと思うこと」などです。

この指導案の記録簿は、先生方を指導する立場になったとき、おおいに役立ちました。（第12章でも触れたように）「子どものわかり方」などについて指導する際の具体事例となったからです。

若いころはとくに意識したことはありませんでしたが、指導管理職としての力量形成につながったように思います。

## 主任時代（30代〜40代）

理科主任時代には、埼玉県の専門研修（理科）などに応募しては積極的に参加していました。ほかにも、学会発表や論文投稿、中期研修や大学院研修、海外研修にも挑戦していました。当時、「学校から飛び出し、自分の考えを世に問うてみよう」という気持ちが強く、授業者としては一番脂がのっていた時期です。

文科省若手海外派遣研修（行き先はアメリカオレゴン州のモラーラという小さな町で、日本人は私だけ）に参加した際には、2か月間で延べ30時間もの授業を行いました。理科の水溶液の授業、習字、日本文化の授業は、すべて片言の英語です。こうした授業の様子は地元の新聞紙（オレゴニアン紙）に取り上げられ、私のインタビュー記事がトップに掲載されました。

この経験は、国際理解の視点からも大きな財産になりました。

## 教頭時代（40代）

教頭時代の力量形成は、人間関係づくりに尽きます。1年間だけの勤務でしたが、「教頭職は対人関係を意識せざるを得ない立場である」ことを学びました。

大規模校だったので、来校する人はたいへん多く、人に酔ってしまうこともしばしば。実を言うと、教頭になるまで、（教職員だけでなく）学校にかかわる人がどれだけ多いのかがわかっていなかったのです（教諭時代も、来校者の姿などは見えていたはずなのですが、まったく意識できていませんでした）。

また、「教頭は学校の要だ」という言葉がなにを意味するのかについても理解することができました。

学校の窓口はすべて教頭です。落ちや漏れがあっては大変です。そこで、（第11章で紹介したように）A4・1枚の上段に学校の校舎配置図と教室配置図を、下段に名簿（教職員だけでなく、交通指導員さんなど日常的にかかわる人）のチェック欄を配置してプリントアウトした用紙を手に、毎朝校舎の内外を歩いていました（用紙は1年分印刷してファイリング）。

その日に話した人の名前の横に印をつけます。そうすると、自分が話をする人がどれだけ偏っているかが一目瞭然です。1週間近く言葉を交わしていなければ、その人のところへ行き、（話題はなんでもよいので）声をかけます。こんなちょっとしたことなのですが、意外と良好な人間関係づくりにつながったように思います。

また、毎朝校舎内を巡回して、気づいたことを教室配置図に書き込みます。机が整頓されているといった教員のいいところはしっかりメモし、校長にも伝えていました。校舎配置図は校庭の遊具などの状況などを書き込みます。危険だと思える箇所があれば、すぐに校長に報告し、教育員会へもその日のうちに連絡を入れていました。

また、毎朝学校に来ると、職員玄関の掃除、校舎内の点検、新聞記事の確認を行っていました。教員が不祥事を起こした記事があれば付箋を貼って校長室の机に置きます。

こうした一つ一つが校長になった後に生きていたように思います。とくに教頭時代は、管理職としての基本的な考え方と取り組み方法を身につけることができました。

## 指導主事時代（市教委30代、県教委40代）

### 1 予算執行の基礎を学ぶ

指導主事時代に身に染みたのは「すべての業務執行には予算が絡む」ということでした。予算を確保するには議会の承認を得なければならず、「市民の税金が適正に使われたのか」など費用対効果の面からも説明責任を果たさなければなりません。校長になって予算措置を行う際のノウハウは、指導主事時代に身につけたものです。

例を挙げましょう。

当時（平成21年度）、国のスクールニューディール構想に基づき、大型デジタルテレビなどの学校ＩＣＴ環境整備に加え、理科設備に1校１００万円、10／10の補助がつきました。平成20年度に改訂された際の学習指導要領の理科は、新単元が多く盛り込まれた関係上新教材の購入が必須でした。

当時、小学校理科の学習指導要領作成協力者であった私は、新教材（たとえば手回し発電機やコンデンサー、送風機など）を購入しておかないと新しい学習指導要領に則った理科授業を行うことができないことを知っていました。

時期は、自民党から民主党への政権交代が行われる直前のことです。右の大型補正予算を確実に獲得するには、政権交代前に議会の承認を得ておく必要がありました（政権が変わってしまうと、政策が180度変わってしまうおそれがあったからです）。

そこで私は、金子廣志教育長や須田健治市長に相談をもちかけ、すぐさま臨時議会を開いてもらうよう要請しました。幸いにして承認を得ることができたおかげで、国から理科設備費として予算（4000万円）を措置してもらうことができ、新座市内の小学校17校、中学校6校、計23校に潤沢すぎるほどの理科教材を配当することができたのです。

また、右の施策と併せて、各学校には備品管理（理科設備の廃棄処分など）も行ってもらうように依頼しました。しかし、この取組は思うように進みません。そこで、理科予算については「充足率」（理科設備台帳に記載）に基づいて傾斜配分することにしました。そこまでしてようやくどの学校でも備品管理の意識を高め、廃棄処分を進めることができたのです（校長になってすぐに教材室に埋もれている使用されない備品を迅速に廃棄処分できたのも、この経験が生きたからだと思います）。

## 2　全国初となる県の学力・学習状況調査（ＩＲＴ調査）

当時、全国では初となる県の学力・学習状況調査（ＩＲＴ調査）の立ち上げにかかわることができたことも、校長になったときに大いに役立ちました。

この学力調査は、小学校４年生から中学校３年生にいたる一人一人の子どもをすべて紐づけし、「一人一人の学力の伸び」を経年測定する（過去の自分との比較を可能にする）という点が非常に特徴的でした。

というのは、指導主事になる前の年までは文部科学省勤めで、小学校理科の初代学力調査官を務めていましたが、子どもの学力を経年測定するという発想は、国が行う全国学力・学習状況調査にもないものだったからです（理科は３年に一度の実施だったことから、小学６年生で実施した子どもを紐づけし、中学３年生時点での学力の変化を分析できる調査にできないものかと提案しましたが叶いませんでした）。

さて、ＩＲＴ調査のすばらしいところは、実施年で輪切りにして全体として「よいのか」「悪いのか」を論じる必要がなくなり、子ども一人一人の自己有能感や自己効力感につなげることができる点です。たとえば、中学校３年生時点の調査で学力が平均を下回っていたとしても、小学校段階の調査結果と比べて少しでもよくなっていれば、「よかった」と評価することができるのです。

（学力をはじめとして）昨日よりも今日、今日よりも明日と子どもの成長を促すのが、私たち教員に課せられた最大のミッションです。そうである以上、ある時点での学力がどうなっているかを知るだけでは、その子の成長に寄与することは困難だと思います。この課題解決に正対したのが、県のIRT調査だったわけです。

私は校長になってからも、全校朝会などで次のように話をしていました。

人はつい他人と比べて「いい」「悪い」と言ったり言われたりしますが、それはその人の人生にはなんの役にも立ちません。大切なことは、たとえほんの少しずつでも自分自身が成長していけることです。だから、がんばっている自分がいればいいのです。努力すれば、自分なりにできるようになると信じて生きていきましょう。

＊

余談ですが、埼玉県の事業の一つに「良い授業を見つけ！広めて！学力UP事業」があります。これは先の学力調査で明らかになった結果に基づき、とくに子どもを伸ばした先生を「スーパーティーチャー」と称し、授業を記録して研修用の映像資料としています。この資料には、授業分析の解説つきなのですが、私もその解説者の一人で、野寺小の先生もスーパーティーチャーとして登場しています。

# おわりに

## 1 「人脈」が改革遂行の鍵の一つ

人の武勇伝をあまり好まない方が多い教員の世界です。出版の話をもらったとき、きわめて個人的・私のわがまま学校経営改革策を世に出してよいものか、とても迷いました。

本書をお読みいただいた方はおよそ見当がついていると思うのですが、管理職として自分の実現したいことに向かって思う存分突き進んでいくためには、（本編ではあまり強調しませんでしたが）人脈が必要です。

私は、研究会を通じて知り合った力のある先生方、学力調査官時代に知り合った文部科学省の教科調査官の先生方、あるいは報道機関に勤める人たちなど、本当に数多くのすばらしい出会いに恵まれ、強力な人脈をつくることができました。こうした人脈を最大限に使うことで実現できたことが非常に多かったのです。

そのためか、他校の校長先生からは、よくこんなことを言われていました。

「塚田さんだから、できるんだよな」

少々の皮肉が込められている口調です。

そのようなこともあって、たとえば校内研修の場に教科調査官を講師として招く際などには、他校の校長や先生方に「参加されませんか？」などと声をかけていました。このように一定の配慮はするものの、自分の武器をもたずして学校経営を改革することはできないとも思うのです。

私の場合は、「構想」(vision)、「知見」(know-how)、「人脈」(connection)を武器として改革に取り組みました。そして、そうできるようにするために、(終章でも紹介したような)「見識」を培ってきたし、校長になる2年前には「構想」をつくっておいたし、新しいチャレンジに身を投じることで、さまざまな分野で活躍されている人たちとの「人脈」を築いていったのです。

## 2 所属職員の力量差がどれだけ大きかろうと、人材育成に全力投球

以前、「担任が入れ替わる翌年のことを考え、学年の先生方の足並みが揃うよう、力のある先生にはある程度制御するよう指導している」といった声を聞いたことがあります。

それに対して、私は全面的に反対の立場に立つ者です。なぜなら、いま目の前の子どもに最大限自分のできることをしてあげるのが教育行為だと考えているからです。校長も同じです。もし、次の年のことを考えて(いま、できるかもしれないことをせずに)制御し

てしまえば、校長として大胆な改革ができないどころか、大過なく過ごすことに執心してしまう（要するになにもしない）校長になってしまうでしょう。

「次の年のことを考えて制御する」というのは、現在多くの課題を抱える教員現場では致し方ない面もあるのかもしれません。しかし、現状をただ受け入れ、合わせるだけでは、なにもよくならないのも事実です。

（自治体によって異なるでしょうが）校長はおよそ3年で異動します。私は2年間でしたが、いつかは必ずその学校からいなくなります。本書の「はじめに」で「校長が替われば、学校は変わる」ことの意義について語りましたが、「校長が代わる」わけです。このとき、（新しい校長のビジョンのもとで経営してもらえばよいことなのですが、それでもなお）すべてをゼロスタートにしてしまいたくありませんでした。つまり「校長が代わることで、学校がよりいっそうよくなる」であってほしいと考えたのです。

これもまた、私のわがまま学校経営とも言えるかもしれませんが、後任の校長が（可能な限り）負担感をもたずに済む範囲で、私がいなくなっても「教職員が価値を感じ、受け入れてくれた取組」が残るようにシステム化しました（後任の校長がどのような考えをもって野寺小の学校経営を担ったのかについては、「発刊に寄せて」を参照）。

いま私は、小学校の教員を目指す大学生を指導しています。校長時代に若い先生方と授業づくりをしたことを思い出しながら、学生たちとともに模擬授業づくりを楽しんでいます。

＊

最後になりましたが、文科省から何度もお越しいただいた鳴川哲也先生、山中謙司先生、有本淳先生、ご指導ありがとうございました。国から指定を受けた実践協力校の冠は教職員の士気を高め、充実した学びとなりました。

また、NPO法人授業高度化支援センター代表の鏑木良夫先生には、2度も野寺小の教員のために示範授業を行っていただきました。「共書き」は野寺小を巣立った先生方がそれぞれの学校で実践しています。

新座市教育委員会・金子廣志教育長にはいつも励ましの言葉を賜りました。「アグレッシブ・イノベーション」は、私の学校経営の後押しとなりました。

本書の編集に当たっては、東洋館出版社の高木聡氏に多大なご支援をいただきました。何度も私の話を聞いていただき、「めちゃめちゃおもしろそうです！」と、やる気スイッチを押してくださいました。高木氏の尽力により完成に至りました。

すべての皆様に感謝して、筆をおきたいと思います。ありがとうございました。

令和5年3月　第18代・埼玉県新座市立野寺小学校長　塚田　昭一

■校長就任2年前：平成26年のメモ（2014年2月24日）

# 付録① 来るべき日に備えて～学校経営構想案

## ■目指す学校像　経営の重点（教職員の合い言葉）

・一人一人が輝き、出番のある学校

子どもの出番、教員の出番　得意分野を自覚し伸ばす教育

## ■全般

・学校経営方針（グランドデザイン　4サイクル制）

掲げた目標は、実現状況が把握できるもの（数値化　成果指標　見える化）

掲げた目標は、1年後の子どもの具体的な姿がイメージできるもの

・教育課程の編成（毎週水曜日年休デー）

・研究の視点　学力向上【秋田県を抜く全国一の学力向上実践校】

（毎時間の見通し【疑問型の問題】と振り返り【問題文に正対した答えと深めの働きかけ】）

・一人一人が出番のある授業の確立　参画型協同的学習

・人事配置及び分掌編成（分業システム）

・安全、災害等の危機管理（校内遊具、教室配置図記録用データ）
・4月1日着任挨拶
・4月職員会議校長方針プレゼン資料
・入学式式辞、始業式挨拶文
・12か月全校朝会校長挨拶計画
・各学校行事挨拶文
・PTA、保護者会挨拶文　学校経営説明会プレゼン資料
・学校だより、校長だより、HPのデザイン　12か月の見通し
・ICTを活用した校内掲示（正面玄関の動画学校案内）
・いじめ対策（学校いじめ防止基本方針を受け、毎月月末の「心の窓アンケート調査」）
・不登校対策（毎週の教室便りの友による働きかけ）

## ■生徒指導

・生徒指導目標の学期制（成果と課題）
・学習、生活規律10の徹底

## ■研修

・学力調査官の招聘（国語、算数、理科）

・鏑木先生招聘　3回シリーズ　わかる授業のための指導技術講習会
・学校管理規則第22条の活用　各主任交代：筑波大学附属小学校へ1週間の短期内地留学制度
・年間2回の校内学力テストの実施（4月と3月　個人カルテの作成　クラス替え活用）
・校内各種検定試験の実施
・デジタルペンの活用（ICTの積極的活用　授業効率　意欲喚起）
・学年統一家庭学習の日
・研修だよりを学期1回発行する「学びの足跡」

## 校内環境

・教科ルームの設置
・知的好奇心を喚起する教科校内外掲示　よいノート例　作品展示
・校内ビオトープ、バタフライガーデン、サケの飼育放流活動、学校教育農園、教育林
・校内自然歳時記
・理科室を科学館に
・本物に触れる

## 保護者との連携

・丸つけボランティア隊

・校外学習ボランティア隊
・保護者、地域の方を招いた学習発表会、給食試食会
・コンピュータ学習　地域との交流授業　暑中お見舞い作成等
・各種、委員会クラブ活動　地域人材の活用　草加平成塾の発想

■体力向上
・校内（教育林）アスレチックの設営
・校内遊具の利用（体育時の準備運動に利用）
・朝マラソン１日１km

■キャリア教育
・一人一役制度　当番、係活動　プロ意識を育てる
・総合的な学習の時間　夢、憧れを抱く　卒業生による「ようこそ先輩授業」

■食育
・テーブルマナー教室（和・洋・中）
・家庭科調理実習　地産地消　地域食材　郷土料理　地域の方との調理実習
・栄養教諭の授業公開

■特別支援教育

・特別支援教育コーディネーターを中心とした障害のある児童等へ「合理的配慮」を提供するための校内体制の整備

## ■道徳教育

・道徳教育推進教師による校内研修
・違いを認める教育
・善悪の判断を指導、考える教育
・国語にならない指導法の研究
・センスオブワンダー

## ■教職員事故　危機管理

・日頃からの報・連・相
・さいたまのひ（酒・異性・体罰・表簿）
・複数で対応
・時系列でメモを残す（5W1H：いつ どこで だれが なにを なぜ どのように）
・即答しない
＊揮毫→外部発注
＊予算→弘済会、ソニー等年度初めに応募　自由に使えるお金

## 学校だよりタイトル案

・一人一人が輝き、出番のある学校　子ども、教員の活躍の場
・本物に触れる
・自然が教えてくれること
・センスオブワンダー
・机間散歩と机間指導
・啐啄《そったく》の機　鳥が孵化するとき、ヒナが卵の殻の内側からコツコツと叩いて孵化を知らせることを「啐」と言い、親鳥が卵の殻の外側からつついて殻を破ってやることを「啄」と言う。親子のタイミングがピッタリ合ってはじめて、卵の殻が破れて雛が生まれる。このタイミングが合わなければ、卵の殻は割れず雛は死んでしまう。
・守破離
高坂弾正昌信の「甲陽軍鑑」に記された兵法用語である。この段を千利休が詠み、『道』の指針となった。「守」は師の教えを守り、ひたすら完成された型・基礎を寸分違わず身につけることであり、「破」は経験と鍛錬を積み重ね、旧来の型を基礎として独自の世界を創り出すことであり、「離」はこれまでの型にとらわれず、自由に飛躍するも則を外れない境地にいたることである。学校経営4ステージと軌を一にする。

・進取の精神
・なぜそうじをするの？　黙働責任清掃
・心の窓　教室だよりの友　いじめ　不登校を無くす
・勉強法を変える学習観　丸暗記志向から意味理解志向へ　学習計画から学習方略へ
・豪華一点主義　生徒指導目標は学期１つ　年間授業スタイル「問いと答えの明確化」
・目標　人間５つのＰ（purpose・passion・plan・priority・performance）
・無学論に屈せず　行動展示　旭山動物園　板東園長インタビューより
・なぜ？を大切にした授業　松下幸之助　これからの日本人へ
・教養とは　知識の量ではなく知識を組み立てて使いこなすこと　活用の視点
・聞いたことは忘れ、見たことは覚え、やったことは分かる　老子
・違いを認める　真のグローバル化
・体験の三角形　ブルーナー　活動的表象、映像的表象、記号的表象
・瞬時の判断　指導技術
・デジタルペンの可能性　鉛筆ではできない思考の訓練

■4月職員会議　校長所信表明（平成28年4月5日）

# 付録②　平成28年度・校長の所信表明資料

教育目標・経営方針・指導の重点・特色ある学校づくり等

## Ⅰ　国・県・市の基本方針

### 1　国の方針・動向（中央教育審議会教育課程企画特別部会　論点整理等）

学校教育法第30条第2項（学力の三要素「知識及び技能」「思考力、判断力、表現力その他の能力」「主体的に学習に取り組む態度」）

(1)　育成すべき資質・能力

「何を知っているか、何ができるか（個別の知識及び技能）」

「知っていること・できることをどう使うか（思考力、判断力、表現力等）」

「どのように社会・世界と関わり、よりよい人生を送るか（学びに向かう力、人間性等）」

(2)　アクティブ・ラーニング（課題の発見・解決に向けた主体的・協働的な学び）の推進

(3)「特別の教科 道徳」(道徳科)の推進「考え、議論する」道徳科への転換

(4)グローバル化に対応した新たな英語教育の推進

学習到達目標(CAN—DOリスト形式)を設定

(5)野寺小学校いじめ防止基本方針を踏まえた生徒指導の充実

いじめ防止対策推進法第11条に基づき、いじめの防止等(いじめの防止、いじめの早期発見及びいじめへの対処をいう)のための対策を総合的かつ効果的に推進

## 2 県の方針(指導の重点・努力点)

(1)児童生徒一人一人を確実に伸ばす教育の推進

(2)アクティブ・ラーニング(課題の発見・解決に向けた主体的・協働的な学び)の推進

(3)小・中学校、高等学校における系統的な進路指導・キャリア教育の推進

(4)幼児教育と小学校教育との円滑な接続の推進

(5)埼玉の子ども70万人体験活動の推進

(6)学校応援団の推進

## 3 市の方針(新座の教育) つなげよう さわやか笑顔とやさしい心

(1)家庭や地域の教育力の向上と青少年健全育成の推進

(2)確かな学力の育成と安心して学びあえる学校づくりの推進

(3)　市の特色を生かした質の高い学校教育の確立
(4)　生涯学習の推進による心豊かな市民生活の実現
(5)　文化芸術活動の振興と地域の歴史・伝統・文化の継承
(6)　スポーツ活動の振興と健康教育の充実
(7)　教育施設の計画的な整備充実による快適な教育環境の創造

## Ⅱ　学校の方針

### 1　学校教育目標

(1)　目標
よく聴き、よく考える子（知）　心のゆたかな子（徳）　からだのじょうぶな子（体）
(2)　目標を実現する発想　4ステージ（各ステージ児童アンケートの実施）
［第1ステージ］　4～5月【学習・生活のルールづくり】
・個人カルテを生かした学級経営
［第2ステージ］　6～7月【学習・生活の習慣化】
・得意分野を伸ばす学級経営

［第3ステージ］ 9〜12月 【学習・生活の活用】
・自立を促す学級経営
［第4ステージ］ 1〜3月 【学習・生活の振り返り】
・個人の伸びを自覚させる学級経営

〈平成28年度末の児童の姿〉

○よく聴き、よく考える子（知）
＊学習のきまり 全学年95％以上
＊授業がわかる／授業が楽しい 全学年95％以上
＊学び合い（アクティブ・ラーニングの授業） 全学年95％以上
○心のゆたかな子（徳）
＊生活のきまり（野寺っ子の一日） 全学年95％以上（校帽・名札100％）
＊学校が楽しい、いじめ無し、進んで挨拶、黙働責任清掃 全学年95％以上
＊ハイ（返事）・ニコ（笑顔）・ピン（姿勢） 全学年95％以上
○からだのじょうぶな子（体）
＊外遊び（25分、昼休み）、手洗い・うがい 全学年95％以上
＊無欠席率 全学年95％以上

＊早寝早起き朝ご飯　全学年95％以上

## 2 目指す学校像

(1) 一人一人が輝き、出番のある学校（キャッチコピー）

・子どもの出番（一人一人の得意分野、長所を伸ばし、違いを認め合う仲間）

・教員の出番（一人一人の教員が夢を語り、学校運営に参画する教員集団）

・保護者、地域の出番（保護者・地域の教育力を生かした学校応援団）

＊学ぶ喜びと絆のある学校像の継承

## 3 目指す児童像

(1) よく聴き、よく考え、よく表現できる子（知）

(2) 思いやりをもって、よく聴き、協調して仲よく生活する子（徳）

(3) 健康な生活を心がけ、最後までねばり強くがんばる子（体）

## 4 目指す教員像

(1) 学びつづける教員（知）

(2) 慈しみ深い教員（徳）

(3) 健康で元気な教員（体）

## 5 特色ある学校づくりの具体

(1) 授業力向上：感じ、考え、実感する授業（教職員の合い言葉）
①学校管理規則第22条を活用した筑波大附属小への短期内地留学の実施
②初任者対象　各主任示範授業の実施
③見通し（問い）と振り返り（答え）に正対した授業の実施
④グループ学習、ペア学習を取り入れたアクティブ・ラーニングの実施
⑤個人カルテを生かしたつまずきに対応した授業の実施
⑥発達障害を含む障害のある児童への適切な指導の充実

(2) 総合的な学習の時間の充実
①卒業生、保護者、地域の方によるキャリア教育「夢・憧れを抱くようこそ先輩授業」の実施
②ＩＣＴを活用した情報教育
③ＥＳＤ　環境教育を視点とした校内環境の整備、自然体験活動の充実
[例] バタフライガーデン、ビオトープ、サケの飼育・放流活動など
④学校教育農園を活用した食育
[例] 地域の方を講師に招いた郷土料理実習　テーブルマナー教室
⑤福祉施設での慰問交流学習の実施（新座市社会福祉協議会連携）

(3)　いじめ・不登校対策　野寺小学校いじめ防止基本方針の策定
①各ステージの児童アンケート「心の窓（仮称）」の実施
②欠席児童への「教室だよりの友（仮称）」による連絡等の働きかけ

(4)　教育相談・学習相談室の設置
①業間休み、昼休みの子どもと親の教育相談日の開設
②野寺ココフレンドの充実（放課後居場所づくり）

(5)　教職員・保護者、地域による施策提案制度
①年度初めに教職員全員と面接、自分が取り組んでみたいこと等意向聴取
②保護者、地域へ学校だより等を通じた学校施策提案アイディアの呼びかけ

(6)　計画的な年休取得
①第1水曜日、第2・3・4金曜日　ノー会議、ノー残業デーの実施
②補欠授業導入による交代制年休取得の確実な実施
③管理職の教室訪問（授業の実施）

(7)　今後の見通し
[平成28年]　2年次「学び合い・聴き合う児童の育成と授業づくりの研究」授業研究
[平成29年]　3年次「学び合い・聴き合う児童の育成と授業づくりの研究」研究発表

## Ⅲ　経営のスタンス

・１年目から改善点が見つかったら改善する。
・礼を正し、場を清め、時を守る。
・報告・連絡・相談を欠かさないようにする。
・教職員とのコミュニケーションを大切にする。
・ＰＴＡ、地域との連携、協力を大切にする。
・全ての責任は校長にある。

## Ⅳ　求める姿勢

・マンネリ化を見直そう。
・新任の頃の熱き思いを。
・若手はベテランを追い越そう。
・ベテランは若手に見本を示そう。

・親の気持ちに立とう。
・注意のタイミングがいい教員になろう。
・子どもにため口をさせない教員になろう。
・進んであいさつする教員になろう。

## Ⅴ　求められるモラル

教員と言えども社会人である。さわやかな応対を心がける。

### 1　サンダル履きなし

・事故・事件等に適切に対応するためにも。
・職を守ることにもつながる。

### 2　さわやかな言動

・ジャージ登校は不可
・電話の応対は「あいさつ」＋野寺小＋「自分の名前」です。
［例］「おはようございます。野寺小学校の塚田です。」を形にする。
・言葉遣い　ですます調で

・職員室での会話等は「知的で生産的」を心がけ、職員室を学びの場とする。

3　子どもや来客等より先にあいさつする

4　教職員の事故防止の徹底（県通知文、教小第700号、平成28年3月28日付け）

・さいたまのひ↓酒、異性（盗撮、わいせつ行為）、体罰、マネー、表簿、交通事故

〈毛涯章平氏の言葉〉

1　ほめることばも、しかることばも、真の「愛語」であれ。「愛語」は、必ず子どもの心にしみる。

2　暇をつくって、子どもと遊んでやれ。そこに、本当の子どもが見えてくる。

3　成果を急ぐな。裏切られても、なお、信じて待て。教育は根くらべである。

4　教員は「清明」の心を失うな。ときには、ほっとする笑いと、安堵の気持をおこさせる心やりを忘れるな。不機嫌、無愛想は、子どもの心を暗くする。

（「わが教師十戒」、毛涯章平著『肩車にのって』第一法規出版、1985年より抜粋）

# 付録③ 短期内地留学研修報告書(1)

［研修日］平成28年10月20日㈭　［報告者］O教諭

**［第1・2校時］3年理科「光を使って水の温度をどこまで上げられるか」**

課題は「光を使って水の温度をどこまで上げられるか」であった。鏡4枚でペットボトルの少量の水の温度を上げる実験。子どもたちはこれまでの学習や生活経験から予想を立て、さらにそれで本当によいか、他の班を見て、比べ、確かめてから実験に向かっていた。実験の方法も児童自身が考えていた。

「それで正しい実験ができるのだろうか」と感じたが、私の考えがそもそも間違いだと後で気がついた。各班の実験結果を並べたときに「同じ条件なのに温度の上がり方が違うのはなぜだろう」と疑問が生まれた。

「鏡で反射する光が重なれば、その分明るくなり温度もあがる」ということにたどり着く。各班で実験方法に差異があるからこそ、学級全体で議論する必要が生まれ、実験の真意にせまることができたのである。

子どもと同じ視点で授業を見ていたので、参観している私自身も「どれくらい温度を上げられるか」とわくわくした気持ちで子どもたちの様子を見ていた。そのため、思わず「ああ、なるほど、だからか」と納得させられた気分で授業の終わりを迎えた。

すばらしいと感じたのは、それで終わらなかったことだ。ある児童が実験結果から「重なりではなく距離が関係しているのではないか」という疑問を見つけ出した。「次はこの疑問を解決していこう」という先生の言葉に、児童の気づきによって自然と学習がつながっていく様子を見たように思う。

**【第3校時】6年算数「比」**

算数の授業だが、見た目はまるで理科のようだった。先生が説明をせず課題を書いた。「水50mLに食塩17g溶かします。多くは説明しないよ。3つの食塩水に色をつける。それをどうにかして試験管にきれいな三層をつくること」

あとは3種類の食塩水のつくり方について比を使って表した。

子どもたちはそれだけの情報をもとに動き出した。実験道具をそろえる子、三種の食塩水をつくる子、他の班を見て実験の方法を修正する子。どんな順番で何をするのか、班で話し合いながら実験が進んでいった。

使う器具は班によって違ったが、メスシリンダーでもビーカーでも比の学習を生かしてどの班も三種の食塩水をつくっていた。途中先生のアドバイスが入ったが、実験のコツのみでほとんど説明はない。それでも子どもたちは気がついたことや発見したことを次々と口にし、ときおり間違いに気づき修正しながら進んでいた。

どの班も苦戦していたが、一つの班が三種の食塩水できれいな三層をつくった。そうすると、それを見に来た児童がヒントを得て、さらにできる班が増えていく。

「比の授業」と言われなければわからない展開だが、比の学習が理解できているかどうかが実験の結果に大きくかかわる。

野寺小では活用問題を苦手と感じる児童が多いが、振り返ってみるとこれまで活用問題には取り組ませても、今回参観したような〝知識を活用する学習〟に取り組ませる機会は少なかった。算数だけではなく、他教科でも既習を生かした活用場面の授業を実践していきたい。

**【第4校時】** 3年体育「川跳び」「ひざかけ回り」

児童は一人一冊大学ノートを持っていてそれを学習ノートとして活用していた。なので他教科と同じようにまずはノートに課題を書くところからはじまる。砂場にラインやゴムひもが置いてあったが、最初は先生が特別に指導せず子どもたちを跳ばせていた。途中で集合がかかり、映像を視聴する。ここで「着地は〝ん〟で両足着地」ということが確認された。先生はIpadを活用し、スムーズに映像を動かしていた。着地確認後、ふみきり、両足着地、着地姿勢、空中姿勢をチェックする審判チームが置かれた。評価が入ると、少しずつ子どもたちの動きが変わっていった。

今度は手本となる子どもたちが跳び、空中姿勢は「く」の姿勢だと全体で確認した。しかし、空中姿勢を意識するあまり、踏み切りが両足になってしまう子が増えてきた。そこですかさず先生が個別指導を入れる。子どもは無駄な動きなく、どんどん跳んでいくなかで自然と体全身を大きく使って跳ぶことができる児童が増えていた。この間、先生は大きな声を出すことは一度もなく、子どもたちは何度も跳ぶなかで感覚をつかみ、先生は的確に評価し、必要であれば個別に指導していた。

体育は用具を使ったり、校庭や体育館など広い場で子どもが動いたりするなど、指示がむずかしい場面が多くある。運動機会を確保し、学びの多い体育授業のために、授業規律の確立や場の工夫などの授業研究が重要だと改めて感じた。

### 【第5校時】6年図工「IPadを使ってアニメをつくろう」

「今日はIpadを使って小箱のアニメをつくります。最後に出来上がったアニメを見て、一番人気だったものはYouTubeにアップします！」という先生の一言で教室に歓声があがった。これが授業の一番最初の光景である。

「ストップモーションムービー」というアプリを使って、4つの白いマッチ箱のコマ写真を撮りつなげてアニメーションにする授業だ。使っているものはハイテクノロジーだが、まるで造形遊びをしているような雰囲気だった。

はじめに全グループが「集合」をテーマに5枚撮った。そして「くるくるまわる」で10枚を撮影する。同じ言葉でもさまざまな表現があり、子どもたちは試行錯誤しながら作品づくりに没頭していた。ときどき先生が作成途中のアニメをみんなに見せる。子どもたちは見られたくないような、でも見せたいような様子だった。そのあとはいくつかのカードを班で選んでつづきをつくる。

最後のテーマは「えっ?!まじで!?」。ここでモールやビーズ、毛糸などを使ってもよいと指示が出された。4人で一つの作品をつくるため、自分の思いを生かすにはアイデアを話し合うしかない。そうした話し合いのなかにさまざまな工夫が生まれ、アイデアあふれる表現につながっていた。

## ［まとめとして］

1・2時間目は3年理科、3時間目は6年算数、4時間目は3年体育、5時間目は6年図工の授業を参観させていただいた。それぞれに共通していたのは、子どもたちが、気がつくと授業に引き込まれているという点である。

これまで自分の授業では教科ごとに学習展開があり、ほとんどの時間はそれから大きく外れずに進めていた。しかし、今日一日の参観では、子どもたちをひきつける導入・発問、発達段階に応じた課題、課題の提示の仕方など、それぞれの先生方が魅力的な授業をされていた。そうした授業では、子どもたちが受け身になっている姿は少ない。「なぜだろう」「こうしてみたらどうだろう」「これもできるのではないか」と次々に出てくる疑問やひらめきを主体的に追いかけているような学びの姿があった。それらを支えているのは間違いなく事前の教材研究、児童理解である。

そのままねることはむずかしい授業もあった。しかし、子どもたちが自ら進んで学んでいくような授業のヒントを得ることができた。参観した子どもたちはみな、学びに対し貪欲で素直でまっすぐだった。そして楽しんでいたように感じた。そうした子どもたちの姿を、今度は自分のクラスでも見られるように、今後も授業改善に努めていきたい。

# 付録④ 短期内地留学研修報告書(2)

［研修日］平成28年10月20日(木)　［報告者］S教諭

**［第1・2校時］国語**

物語教材「ごんぎつね」の主題に迫る授業。この授業で特に印象深かった発問は、「文中根拠はどこ?」である。兵十がゴンに対しての考え方をガラっと変えた文はどこかを子どもたちに見つけさせる活動で、どの文が根拠なのかを徹底的に追究していた。「わからない人、立って。座っている人がわかっている人だから、聞きに行って。聞きに行ってなるほどと思ったら座って」の指示で子どもたち同士の交流がはじまり、全員が座ったことを確認したら「なにかいいこと、言っていた人いた?」と発問して子どもたちの意見を丁寧に拾っていた。

また、授業の後半では、根拠となる文は見つけ出せたものの、その文がなぜ根拠となるのかを理解させるために、教科書の挿絵を使って「ゴンが倒れた瞬間の家の間取り図をノートに書く」活動を行った。兵十とゴンの位置関係や栗などの位置などを細かく確認していった。「土間」などの馴染みのない言葉はすぐに辞書で調べさせたり、行き詰まった人は友達と協力して書いたり、代表が黒板に書いた絵の間違いを挿絵などを根拠として指摘させたりしていた。

**【第3校時】体育**

チャイムと同時に、ドッチビーのパス練習がはじまった。男女ペアで、何も言われずにはじめていた。

S先生は、すかさず、「昨日のことを思いだそう。高さはどのくらい？　手の向きは？遠くにいかない。ちゃんとキャッチする」と指示を出していた。1分チャレンジで、何回パスができたかを数えさせ、ペアを交代して、同じことを繰り返した。ペア決めも、男女ペアを子ども同士で「だれかやろう！」と声をかけ合い、素早く決めていた。

チャレンジ終了後、自分の体育ノートに最高記録を記録し、同時に本時の活動内容を書き込んでいた。数人のノートを覗かせてもらったところ、パスのコツなどを自分なりに工夫して書き込んでいた。

本時の活動1つ目は、「どこまでキャッチ」。ディスク1枚を4人で交代して投げ、それをキャッチする。昨日は投げる練習だったので、今日は取る練習ということだった。ルール説明は教師自らがお手本を示し、「適当に投げない。2人パスの練習を活かそう。

まっすぐ投げる」など、簡潔にポイントを指示していた。ゲーム中は「おしい。ナイス。よく触ったね」など、一人一人に素早く声をかけていて、子どもたちの意欲が高まっているのを感じた。

活動の2つ目は「空中逆上がり」。ダンゴムシで15秒鉄棒にぶら下がり、その後、空中逆上がりのコツを確認して、いよいよ子どもたち同士で教え合いながら空中逆上がりに挑戦していた。お手伝いがしっかりしていて、ほとんどの子どもが補助ありで成功していた。また、授業の最後に代表2名に空中逆上がりをやらせ、膝を伸ばすタイプと丸めるタイプがあることに気づかせ、自分はどっちがいいかを考えさせていた。

**【第4校時】算数**

□÷□＝4になる式の□の数字を考える授業。あまりのあるわり算の導入とのことだった。□が同じ数とは限らないことを確認し、数分時間を取って各自ノートに思いつく数字を書いていった。その後、その数字を発表させた。

ある子どもは、「4÷1、8÷2、12÷3…」と、授業の間中書き続けていた。発表させる際は、「無限に言われても、決まりを先に言われても困っちゃうからね」と前置きしてから、一つずつ確認しながら書いていった。16÷4までできたときに、子どもたちのなかから「割る数が1・2・3・4と続いている」というつぶやきがあり、それをすかさず拾って、学級全体に広めていた。そして、そのつぶやきから、1人の児童が「数が大きくなっても使える決まりを見つけた！」と発表し、その決まりを検証する活動へと移っていった。

子ども同士の説明し合い、指摘し合いによって学習が進んでいくので、教師は「だからなにが言いたいの？」「○○さんの意見をもう一度言ってと言われたら困る人いる？」など、説明の補助をしているといった感じであった。

**【第5校時】社会**

チャイムが鳴っても先生が来ず、子どもたちは心配していた。U先生は、ご自分の学級のトラブルにより遅れたことを子どもたちに説明していた。5年の体育の学習でチーム決めをしてこいと言われたので給食の時間に話し合っていたが、決まった人たちが自分たちのチームの守備などを決めていて、決まっていない人たちが途方に暮れていた…ということだった。決まった人たちが調整役になってチーム決めを進めればもっとスムーズだったのに…とお話され、子どもたちは自分たちの学級のルールについて説明していた。

学級のトラブルをどう解決していくかということを、間接的に指導されていて、教科担任制のよさだなと感じた。社会の学習は、「消防署の人たち、消防団の人たちは、どんな仕事をしているだろう」という授業。まずは、消防署と消防団の人たちがどのような仕事をしているかを徹底的に予想させていた。また、消防署と消防団の違いを明確にしていた。

そして、DVDを使って、消防署の人たちの仕事について確認を行っていった。「ビデオを見ながら、あっ！と思ったことを書いてね」と、ビデオを見ながらわかったことを書くことを指示し、ポイントを簡潔に説明しながら板書していった。DVDの途中でチャイムが鳴ってしまったので、続きは次回ということだった。

**【第6校時】総合**

総合では、2つの活動があった。1つ目は、2年生を招待しての校外学習のチーム決め。まず、各班で計画を練り、10個の提案のなかから8個に絞っていく。希望者がいなかった、もしくは定員未満の提案は外され、残った8個で人数調整を行っていった。じゃんけんで決めていったが、文句を言う児童はいなかった。2つ目は、パーティ会社（係活動）による自分たちでバザーを開きたいという提案。質問は最後に受けつけると言い、説明をはじめたが、子どもたちから次々と質問が来て、その場で考えて返していくという展開だった。

残り時間5分までは、T先生は黙って聞いているだけで、時折「質問は最後って言っているでしょ」と口を挟む程度だった。残り5分というところでストップをかけ、子どもたちからの質問をまとめながらパーティ会社の至らぬ点を指摘していった。そして、「バザーをやるにもルールがあるから、まずは私のところにちゃんとやり方を聞きに来なさい」と締められた。

**［まとめとして］**

どの授業も、子どもたち同士による教え合い、指摘し合いにより進んでいったことに衝撃を覚えた。考える時間は、自由に立席し、友達同士で教え合い、考え合い、正解になんとか近づこうとする学びの意欲が感じられた。しかし、自由のなかにもしっかりと規律があり、深い学習になっているとも感じた。

今回の研修では、自分なりに「教師の発問」に重点を置いてメモをたくさん取った。明日からの実践に積極的に取り入れ、野寺小の子どもたちの学びの意欲を引き出していけるように努めていきたい。

## 付録⑤ 校長文庫

最後に紹介するのは、教職員に勧めていた校長文庫です。校長室に設置し、貸し出していました。若手の先生だけでなくベテランの先生もよく手に取ってくれました。校長職最後の日に帰宅すると、中堅の先生から「校長先生、最後にお薦めの本を紹介してください」とＬＩＮＥが入っていました〈諸富祥彦著『教師の資質』〈朝日新書、２０１３年〉を紹介しました〉。

以下は、校長文庫の書籍リストです。

**〈主に若手教員に薦めた本〉**

・清水利信著『教師のひとこと』田研出版、１９９６年
・下村哲夫著『先生の条件』学陽書房、１９８８年
・金森俊朗・辻直人著『学び合う教室』Kadokawa、２０１７年
・戸田忠雄著『「ダメな教師」の見分け方』筑摩書房、２００５年
・林純次著『残念な教員』光文社、２０１５年

・荻上チキ著『いじめを生む教室』ＰＨＰ研究所、２０１８年
・森口朗著『いじめの構造』新潮社、２００７年
・外山滋比古著『家庭という学校』筑摩書房、２０１６年
・志水宏吉著『学力を育てる』岩波書店、２００５年
・大野晋、上野健爾著『学力があぶない』岩波書店、２００１年
・大村はま著『教えるということ』共文社、１９７３年
・大村はま著『灯し続けることば』小学館、２００４年
・大村はま、苅谷剛彦、苅谷夏子著『教えることの復権』筑摩書房、２００３年
・鈴木翔著『教室内カースト』光文社、２０１２年
・福田健著『話し方の品格』経済界、２００７年
・香山リカ著『「いじめ」や「差別」をなくすためにできること』筑摩書房、２０１７年
・梅棹忠夫著『知的生産の技術』岩波書店、１９６９年
・川喜田二郎著『続・発想法』中央公論新社、１９７０年
・野口悠紀雄著『「超」整理法』中央公論新社、１９９３年
・岸見一郎著『アドラー心理学入門』ベストセラーズ、１９９９年
・野田俊作、萩昌子著『アドラー心理学でクラスはよみがえる』創元社、２０１７年

〈主に中堅、研究推進委員に薦めた本〉

・佐伯胖著『わかり方の根源』小学館、1984年
・佐伯胖著『「わかる」ということの意味』岩波書店、1995年
・北尾倫彦、速水敏彦著『わかる授業の心理学』有斐閣、1986年
・長尾真著『「わかる」とは何か』岩波書店、2001年
・山鳥重著『「わかる」とはどういうことか』筑摩書房、2002年
・山鳥重著『「気づく」とはどういうことか』筑摩書房、2018年
・西林克彦著『わかったつもり』光文社、2005年
・樋口裕一著『ホンモノの思考力』集英社、2003年
・安西祐一郎著『問題解決の心理学』中央公論新社、1985年
・市川伸一著『考えることの科学』中央公論新社、1997年
・鏑木良夫著『もっとわかる授業を！』高陵社書店、2015年
・鏑木良夫ほか著『わかる授業の指導案80』芸術新聞社、2013年

〈校長として参考にしていた本〉

・毛涯章平著『ふきのとうの餞別』第一法規出版、1983年
・森信三著『修身教授録』致知出版社、1989年

・安岡正篤著『佐藤一斎『重職心得箇条』を読む』致知出版社、1995年
・安岡正泰監修『安岡正篤一日一言』致知出版社、2006年
・藤井均著『ゆずり葉のこころ』全国教育新聞社、1989年
・岩上進著『葉隠教育談義』中央社、1992年
・篠原助市著『改訂理論的教育学』協同出版、1949年
・松本健嗣著『「未熟もの」としての教師』農山漁村文化協会、2009年

＊

その他、毎月以下の2誌を回覧していました。

・文部科学省『初等教育資料』東洋館出版社
・筑波大学附属小学校『教育研究』不昧堂出版

# 発刊に寄せて

前・埼玉県新座市立野寺小学校長／現・埼玉県新座市立片山小学校長　戸髙　正弘

「塚田先生のようなスーパーマンではないので無理だと思います」

引き継ぎ時に、私が発した最初の言葉です。

塚田先生が実践された多くのことを同様にやり続けることに困難さを感じていました。とくに田んぼや教育農園の取組は、専門的知識もなく、維持管理に不安を覚えたからです。塚田先生に率直にそう申し上げると、次のように話をされました。

「本校は地域の方が大きく支えてくださっています。その方々に協力いただくシステムの基礎をつくっておいたから地域の方と連携を図って進めていってください」

その後、農業支援員の長谷川さん、小池さんにお会いすると、私の不安はすっかり払拭されました。ほぼ毎日のように学校にお越しいただき、田んぼや教育農園で作業をしてくださるお姿を見て、私も精一杯やってみようと決意したのでした。

忘れられないエピソードがあります。着任2年目のときです。夏休みが終わる数日前のある早朝、長谷川さんからお電話をいただきました。

「校長先生、残念ながら稲の大半がスズメに食べられてしまったよ」

すぐに学校の田んぼに行くと、スズメの大群が押し寄せており、近づくと一斉に飛び立ちました。その数は相当なもので、精魂込めて育ててきたのに、稲刈り直前の一番おいしい時期に食べられてしまいました。その前にも台風の影響で一部の稲が倒れてしまい、長谷川さんと残りを大切に育てていこうと確認した直後でもありました。

2学期がはじまったらすぐに、子どもと田んぼの稲刈りをする計画しており、本当に残念でなりませんでした。長谷川さんは収穫の際の子どもたちの笑顔を楽しみにされていたので、すっかり肩を落とされたお姿を見て本当に心が痛みました。

塚田先生に相談すると、次の助言をいただきました。

「自然だからこそ起きたこと。それもよい学びになりますね。次の取組に生かしていったらどうでしょうか」

さすがポジティブ思考の塚田先生です。「なん

資料1　子どものつくったかかし

資料２　文部科学大臣表彰式にて

とかなるさ」の精神を見習い、少しでも収穫できるよう方策を考えました。教員とも話し合い、子どもたちはかかしをつくったり（資料１）、長谷川さんに教わりながら防鳥ネットを張ったりするなどして、自主的な活動を増やしていきました。このようにして、教員と子どもが一体となって野寺田んぼの作業に取り組むようになったことで、また一つ野寺小の特色ある新たな教育活動となりました。

私の校長時代は前代未聞のコロナへの対応を余儀なくされました。しかしながら、学校を支えてくださる皆様のおかげで教育的に価値ある活動を継続することができました。ＰＴＡ会長からは「消毒は私たちがやるので、先生方はその分、教員の仕事をしてください」という温かい言葉をいただき、大きな励みとなりました。その様子はフジテレビのドキュメンタリー番組で紹介され、反響を呼びました。

地域とともにある学校づくりに邁進していくなか、たいへん嬉しいことがありました。それは、文部科学大臣表彰を受賞したことです（資料2）。学校と地域が一体となった学校運営協議会を中心とした学校応援団の取組が「地域協働活動の模範である」と評価を受けたのです。

塚田先生より引き継いだ事業が、地域の皆さんの支えにより大きく身を結んだ結果であり、光栄に思います。

末尾になりますが、今回、学校経営に係る校長の指南書とも言うべき本書の発刊に際して心よりお祝いを申し上げます。多くの校長先生方が本書をご活用いただき、アグレッシブに学校経営改革に取り組まれることを念願いたしております。

〈了〉

# 塚田 昭一（つかだ・しょういち）

十文字学園女子大学教授

1965年新潟県生まれ。埼玉県新座市教育委員会指導主事、副課長、埼玉県新座市立東北小学校教頭、国立教育政策研究所学力調査官（小学校理科）、埼玉県教育局市町村支援部義務教育指導課主任指導主事、埼玉県新座市立野寺小学校長、埼玉県教育局南部教育事務所主席指導主事を経て、現職。

小学校学習指導要領解説理科編作成協力者（平成20年及び平成29年）中央教育審議会初等中等教育分科会教育課程部会理科ワーキンググループ委員

〈主な編著〉『板書で見る全単元・全時間の授業のすべて 理科 小学校４年』（東洋館出版社、2020年）、『小学校新学習指導要領ポイント総整理 理科』（東洋館出版社、2017年）、ほか多数



## 幸福感に満ちた学校をつくる

2023(令和５)年４月１日　初版第１刷発行

著　者　塚田昭一
発行者　錦織圭之介
発行所　株式会社　東洋館出版社
〒101-0054　東京都千代田区神田錦町2-9-1
コンフォール安田ビル2階
代　表　TEL 03-6778-4343
営業部　TEL 03-6778-7278
振替　00180-7-96823
URL　https://www.toyokan.co.jp
装　幀　中濱健治
印刷·製本　藤原印刷株式会社

ISBN978-4-491-05108-6　Printed in Japan